SEISHINKAI TOMY NO JIKOKENO NO NUKEDASHIKATA by Tomy
Copyright © Tomy 2025
All rights reserved.
Original Japanese edition published by JMA MANAGEMENT CENTER INC.
Korean translation copyright © 2025 by SEOSAWON co., Ltd.
This Korean edition published by arrangement with JMA MANAGEMENT
CENTER INC., Tokyo, through TUTTLE-MORI AGENCY, INC., Tokyo, and
Eric Yang Agency

이 책의 한국어판 저작권은 ㈜에릭양에이전시를 통해
저작권자와 독점 계약한 서사원에 있습니다.
저작권법에 의하여 한국 내에서 보호를 받는 저작물이므로
무단전재와 무단복제를 금합니다.

나는 왜 내가 싫을까?

자기긍정감을 일으키는
7가지 심리 처방전

정신과 의사 토미 지음
박재현 옮김

Love Myself | 자기혐오와 작별하고
싶을 때 보는 마음 훈련법

서사원

한국어판 서문

현대 사회는 놀라운 속도로 변화하고 있습니다. 스마트폰의 보급이나 SNS의 확산으로 우리는 항상 타인과 관계를 맺고, 정보를 순식간에 공유할 수 있는 시대를 살아가고 있습니다. 하지만 이 '관계'가 때로는 우리의 마음에 무거운 그림자를 드리우기도 합니다. SNS상에서는 모두가 '완벽한 자신'을 연출하기 마련입니다. 화사한 여행 사진, 성공을 과시하는 게시물, 이상화된 라이프스타일. 이처럼 찬란한 이미지에 둘러싸인 가운데 우리는 자연스럽게 자신과 타인을 비교하게 됩니다. 그런데 이 비교가 '나는 글렀어', '좀 더 노력해야 해', '왜 나는 이것밖에 못하는 걸까'라고 자신을 깎아내리며 자기혐오를 만들어냅니다.

더구나 현대사회는 성과주의나 효율성을 강하게 요구하는 경향을 띠고 있기 때문에 더욱 그렇습니다. 직장에서는 높은 성과를 요구받고, 사적으로도 이른바 '충실한 삶'을 살아야 한다는 암묵적인 규칙이 존재하는 것처럼 느껴지기도 합니다. 이러한 압박 속에서 많은 사람들이 자신의 약점이나 실패를 받아들일 여유를 잃게 됩니다. 사소한 실수나 이상과의 간극이 자기혐오를 키우는 원인이 되곤 하죠. 특히 경쟁이 치열한 사회에서는 이러한 경향이 한층 두드러질지도 모릅니다. 완벽을 추구하는 문화 속에서 자신을 사랑하는 것, 있는 그대로의 자신을 받아들이는 것은 간단한 일이 아닙니다.

이러한 시대이기에 자기혐오라는 감정과 마주하는 일은 누구도 피해갈 수 없는 과제라고 저는 생각합니다. 문제는 이 감정이 지나쳐서 자신을 궁지로 몰아갈 때 생겨납니다. 저는 이 책을 통해 자기혐오를 '적'으로 보고 몰아내려 하는 대신 그 감정을 받아들이는 것을 제안하고자 합니다. 자기혐오를 느꼈을 때 '나는 정말이지 구제불능이야'라고 우울해하는 대신 '지금 나는 이런 기분이구나' 하고 가만히 관찰하는 것이죠. 그러면 감정에 휩쓸리지 않고 조금씩 거리를 둘 수 있게 됩니다. 하루아침에 사라질 수는 없겠지만 조금씩 자기혐오와 직면하다 보면 확실히 마음은 가벼워지기 시작할 것입니다.

자기혐오는 때때로 우리를 고독하게 만들고 삶의 기쁨을 앗아갑니다. 하지만 자기혐오의 이면에는 '나 자신을 소중히 하고 싶다', '행복해지고 싶다'라는 순수한 바람이 숨겨져 있습니다. 이 책은 독자들이 그러한 바람을 깨닫고, 자신을 사랑하는 첫걸음을 내딛는 데 도움을 줄 지침서가 되기를 바라는 마음에서 썼습니다. 쉬운 일은 아니지만 이 책에는 이를 위한 다양한 힌트나 실천 방법이 담겨 있습니다. 그 방법들을 일상에 적용해보며 독자분들이 '나는 이 정도면 충분해'라는 안도감을 느끼기를 바랍니다.

이 책은 제가 지금까지 정신과 의사로서 수많은 환자와

마주하고, 또한 저 자신이 살아오면서 느끼고 배워온 것들을 응축시킨 책입니다. 이 책이 한국의 독자분들께 닿게 되어 무척이나 기쁩니다. 여러분이 이 책을 통해 스스로와 새로운 관계를 맺고, 일상의 작은 행복을 느낄 수 있게 되기를 진심으로 기원합니다. 그리고 만약 자기혐오 때문에 다시 힘들어진다면 언제든 이 책을 펼쳐주세요.

차례

한국어판 서문　　　　　　　　　　　　　　　　　　　　004

제1장　나는 왜 내가 싫을까?

나를 미워하게 만드는 자기혐오의 정체　　　　　　　013
내가 자기혐오에 빠지는 이유　　　　　　　　　　　016
자기혐오에 빠지는 여섯 가지 계기　　　　　　　　　019
자신을 좋아하지 못해도 괜찮은 이유　　　　　　　　029
자기혐오를 하는 사람과 하지 않는 사람의 차이　　　033
자기혐오를 버리기 위한 힌트　　　　　　　　　　　037

제2장　일곱 가지 자기혐오 유형 살펴보기

성장 환경과 자기혐오 사이의 깊은 관계　　　　　　043
나의 자기혐오 유형 알아보기　　　　　　　　　　　046

제3장 자기혐오에서 탈출하기 위한 처방전

① 완벽주의 유형 : 완벽주의 자각하기   067

② 다재무능 유형 : 타인에게 도움을 주기   073

③ 타인과 비교하는 유형 : 행동과 생각 일치시키기   080

④ 자기검열 하는 유형 : 현재에 집중하기   086

⑤ 당위적 사고 유형 : 사고방식과 감정을 글로 써보기   093

⑥ 거절을 못하는 유형 : 자신의 상황을 객관적으로 파악하기   099

⑦ 착한 사람 콤플렉스 유형 : 선택의 우선순위 정하기   106

제4장 자기혐오를 일으키는 열등감과 마주하는 법

자기혐오의 근간에 자리한 '열등감'   115

열등감은 왜 생겨나는가?   118

세상에 열등감이 없는 사람은 없다   123

열등감은 결코 결점이 아니다   125

열등감과 능숙하게 마주하는 여섯 가지 방법   127

자기혐오를 떨쳐내면 비로소 보이는 것   138

제5장 자기혐오와 열등감을 극복하기 위한 실천 과제

자기혐오와 열등감의 원인을 목표로 전환하기   147

마치며   162

나는 왜
내가 싫을까?

LOVE MYSELF 01

나를 미워하게 만드는
자기혐오의 정체

자기 자신을 싫어하는 사람은 의외로 많습니다. 스스로가 마음에 들지 않으니 자신의 결정이나 행동까지 못마땅하게 여기고, 결과적으로 어떤 일을 하던 늘 어딘지 모르게 답답하고 찜찜한 기분이 들기 마련입니다. 이러한 감정이 드는 상태를 '자기혐오'라고 합니다. 그리고 자기혐오는 '불안감'에서 시작됩니다.

우리는 살아가면서 매일 수많은 결단을 내리거나 행동에 나서야만 합니다. 하지만 뭔가를 선택한다는 것은 달리 말하면, 뭔가를 선택하지 않는다는 뜻이기도 합니다. 그리고 자기혐오에 빠지기 쉬운 사람은 '내 결단이나 행동이 실패로 이어지면 어떡하지?', '누군가에게 폐를 끼치면 어떡하지?'라고 생각하며 불안감에 사로잡히기 쉽습니다. 그 결과, 자신을 좋아하지 못하게 됩니다.

그리고 자기혐오에 빠지기 쉬운 사람은 이 불안감을 회피하기 위한 방법으로 스스로를 싫어하는 것을 택합니다. 만약 일이 자신의 생각대로 잘 되지 않았다면, 만약 타인이 옳았다면, 그건 '싫어하는 나'의 잘못 때문이라고, 그런 내가 싫은 건 당연하다고 생각하며 불안감을 덜어내려는 것이죠.

하지만 이런 방법으로는 점점 더 자신이 싫어지기만 할 뿐입니다. 뭔가가 잘 풀리지 않았다고 생각할 때마다 그 탓을 스스로에게 돌리게 되면 자신을 싫어할 이유가 늘어나기 때문입니다. 자기혐오에 빠지면 설사 일이 잘 풀렸다 한들 '이건 잘 풀리는 게 당연해, 누구나 할 수 있는 일이니까'라고 생각하게 됩니다. 일단 자기혐오가 습관으로 굳어버리면 점차 자신을 긍정적으로 보지 못하게 되는 것입니다.

그리고 최종적으로는 자신의 의견조차 종잡을 수 없게 되어버립니다. 내 인생을 내 뜻대로 움직일 수 있다는 믿음마저 사라져버려 모든 것을 타인의 의견에 맞추고, 타인이 시키는 대로 행동하게 됩니다.

이러한 사람에게 '자기긍정'이라는 말은 너무나도 버겁고, 어딘가 한참 동떨어진 세상의 이야기처럼 느껴집니다. 하지만 자기혐오를 방치했다가는 점점 비대해져 인생의 모든 성취감을 빼앗아 갈 것입니다. 자기긍정으로까지는 발전시키지 못하더라도, 하다못해 '나는 내가 싫지 않다'라는 정도의 감정은 지키는 것이 중요합니다.

(LOVE MYSELF 02)

내가 자기혐오에
빠지는 이유

'자기혐오'에 대해 조금 더 이야기를 해봅시다. 앞서 자기혐오는 불안감에서부터 시작된다고 했습니다. 그렇다면 이 불안감은 대체 어디에서부터 비롯될까요? 바로 '실패하고 싶지 않다'라는 생각에서 시작됩니다. 이는 자신의 결정이나 행동이 실패로 이어질까 두려워하는 마음과도 연결됩니다. 그리고 이 '실패에 대한 두려움'은 '이상'과의 간극에서 생겨납니다. 즉, 자기혐오에 빠지기 쉬운 사람의 마음속에는 반드시 이상이 존재한다는 뜻입니다.

마음속 이상과 자신의 상황을 비교한다면 누구나 결국은 실패한 사람이 되고 맙니다. 항상 만점에서 차감하는 '감점 방식'으로 스스로를 채점하기 때문입니다. 따라서 언제까지고 성공은 찾아오지 않고, 자신은 항상 실패만 거듭하는 형편없는 존재로 비치고 마는 것입니다.

이러한 성향을 가진 사람을 '완벽주의자'라고도 표현할 수 있습니다. 완벽한 이상을 기준으로 판단하기 때문입니다. 다만 자기혐오에 빠진 사람은 높은 기준에서 비롯된 부정적 평가가 타인이 아니라 항상 자신을 향해버리는 셈이죠.

이런 유명한 이야기가 있습니다. 누군가 사막에 홀로 남겨졌고, 컵 안에는 물이 절반 들어 있는 상황에서 이를 어떻게 받아들이는지에 대한 것입니다. 낙천적인 사람은 '물이 반이나 남았네'라고 생각하는 한편, 완벽주의자는 '물이 반밖에 없잖아'라고 생각합니다. 이 경우 완벽주의자에게 이상적인 상황은 컵에 물이 가득찬 상태입니다. 그리고 이는 자기혐오에 빠지기 쉬운 사람의 사고방식과도 맥을 같이 합니다. 이들에게 자신은 항상 '반밖에 없는 물'과 다름

없습니다.

이상을 갖는 것은 결코 잘못된 일이 아닙니다. 오히려 이상이 있으면 그에 도달하기 위해 자신을 성장시키려 노력하게 되어 매사에 긍정적으로 작용할 수 있습니다. 다만 자기혐오에 쉽게 빠지는 사람의 문제점은 이상을 다루는 방식에 있습니다.

이상은 본래 인생의 방향성을 가리키는 나침반과 같습니다. 가능한지 불가능한지는 별개로 '이러한 형태로 삶을 이끌어가고 싶다'라는 기준점이 바로 이상입니다. 이상을 능숙하게 다루는 사람에게는 성공도, 실패도 존재하지 않습니다. 이상은 어디까지나 목표이자 꿈에 불과하기 때문입니다. 즉, 이상은 긍정적인 것입니다.

하지만 자기혐오에 빠지기 쉬운 사람에게 이상은 자신이 얼마나 부족한지를 보여주는 잣대에 불과합니다. 결론적으로 자기혐오에서 벗어나기 위해서는 이상을 다루는 방식이 핵심인 것입니다. 다시 말해, 이는 관점을 바꾸기만 한다면 자기혐오를 없앨 수 있다는 말이기도 합니다.

(LOVE MYSELF 03)

자기혐오에 빠지는
여섯 가지 계기

계기 1 **주위 사람들에게 열등감을 품었을 때**

자기혐오에 빠지기 쉬운 사람은 자꾸만 타인과 자신을 '비교'하려는 경향이 있습니다. 그리고 이 비교는 대개 자신을 깎아내리기 위한 계기로 사용됩니다. 애당초 '나는 내가 싫다'라는 생각이 무의식에 깔려 있기 때문에 모든 상황에서 자신을 다른 대상과 비교하며 깎아내리기 위한 소재로 쓰는 것입니다.

게다가 위에는 언제나 더 위가 있는 법입니다. 내가 어디에 있든, 어떤 상태이든 간에 나보다 뛰어난 재주를 가진 사람은 반드시 존재하기 마련입니다. 그래서 자기혐오에 빠지기 쉬운 사람은 어떤 상황에서든지 자신과 다른 사람을 비교하며 쉽게 마음이 위축되고 답답해지는 것입니다.

자신의 옆자리에 앉아 있는 동료가 좋은 성과를 냈을 때를 예로 들어보겠습니다. 자기 자신이 직접 비교당하는 상황이 아니더라도 그 동료가 칭찬받는 모습을 보면서 '아, 나는 도저히 저렇게까지는 못해'라고 자신과 비교합니다. 그리고 부족하고 못난 자신이 싫어지고 맙니다.

가정에서도 마찬가지입니다. 어느 날 부모님이 전화로 "네 형이 부장으로 승진했단다", "네 여동생이 프러포즈를 받았대" 같은 기쁜 소식을 알립니다. 당연히 축하해줘야만 할 일이고, 축하하는 마음도 분명히 있습니다. 하지만 무의식적으로 '그에 비하면 나는?' 하고 자신의 상황과 비교하며 가슴이 답답해지고 맙니다.

이처럼 자신을 누군가와 비교하며 스스로를 낮추는 감정이 바로 '열등감'입니다. 이 감정 때문에 '나는 늘 누군가보다 못하다'라는 생각으로 자신을 혐오하게 되는 것이죠.

계기 2 실패했을 때

사람은 누구나 실패를 합니다. 실패란 아주 자연스러운 일입니다. 실패한 경험을 통해 뭔가를 배우고 다음번에 비슷한 상황이 생겼을 때 같은 실수를 반복하지 않고 기회로 삼으면 되는 것이죠.

하지만 자기혐오에 빠지기 쉬운 사람에게 실패란 결코 당연한 일이 아닙니다. 실패했다는 사실을 알아차린 순간, 마음속에서 '나는 왜 이런 것도 못하는 걸까'라는 자책감이 고개를 들어버립니다. 살다 보면 실패하는 순간은 꽤 쉽게 마주하게 됩니다. 그럴 때마다 이런 생각이 일상적으로 쌓이게 되면 점점 더 자신을 싫어하게 되고 마는 것이죠.

또한 '실패'란 곧 '자신이 마음먹은 대로 되지 않는 일'과도 같습니다. 자기혐오에 빠지기 쉬운 사람은 완벽주의자인 경우가 많기에 '자신이 마음먹은 대로'의 기준이 높은 경우가 많습니다. 그러면 자신의 삶은 한층 더 실패로 점철된 것처럼 느껴지기 마련입니다.

그 결과, 다른 사람이 보기에는 오히려 유능한 편에 속하는데도 정작 본인 스스로는 '나는 실패만 하는 인간이야'라고 인식하는 경우마저 생깁니다.

계기3 해결하기 어려운 고민거리와 직면했을 때

살다 보면 때로는 어떻게 해야 좋을지 종잡을 수 없는 고민거리와 마주할 때가 있습니다. 하지만 이런 고민은 좀처럼 쉽게 해결되지 않습니다. 아니, 해결되기는커녕 오히려 더 많은 고민들이 겹쳐지며 해결의 실마리조차 찾지 못할 때가 많습니다. 그럴 때도 사람들은 문득 자기혐오에 빠져 괜히 스스로를 싫어하게 됩니다.

어째서 그런 일이 벌어지고 마는 걸까요? 이는 '자기효능감 Self-efficacy'을 얻지 못하기 때문입니다. 자기효능감이란 스탠퍼드대학교 교수이자 심리학자인 앨버트 밴듀라 Albert Bandura가 주장한 개념으로 어떠한 문제와 마주했을 때, '나라면 할 수 있어, 어떻게든 될 거야'라고 생각하는 감각을 의미합니다. 즉, 자신이 문제를 해결할 수 있다는 신념을 뜻합니다.

사람은 문제와 직면했을 때, 방향을 바로잡고 시행착오를 거치며 앞으로 나아갑니다. 하지만 뭘 어떡하면 좋을지 전혀 종잡을 수 없는 문제와 만났을 경우에는 그러지 못합니다. 그저 커다란 문제 앞에서 우두커니 서 있을 수밖에 없는 것이죠.

그런 상황에서는 '분명 어떻게든 될 거야'라는 자신감은 온데간데없이 사라져버리고 아무것도 하지 못하는 자신이 비참하게 느껴지고 맙니다. 그래서 또다시 자기혐오에 빠지게 됩니다.

계기 4 과거의 일을 후회할 때

사람은 누구나 자주 떠올리는 '시제時制'가 존재합니다. 어떤 사람은 '과거'를 자주 떠올리고, 어떤 사람은 '현재'에 집중하고, 또 어떤 사람은 '미래'를 자주 상상합니다. 그리고 이 중에서도 과거를 자주 떠올리는 사람이 자기혐오에 빠지기 쉽습니다.

그 이유는 뭘까요? 과거를 자주 떠올리는 사람이 가장

많이 하는 생각은 과거에 대한 부정적인 생각, 즉 '후회'이기 때문입니다.

그렇다면 왜 과거를 자주 떠올리는 사람이 유독 후회에 빠지기 쉬운 걸까요? 사람은 때때로 두서없는 생각을 하기 때문입니다. 아무리 두서없는 생각이더라도 명확한 결론이 있다면 생각을 마무리 지을 수 있어 후회까지 연결되지 않습니다. 하지만 결론이 없는 생각은 계속해서 머릿속을 맴돌게 됩니다. 그러니 결론이 나지 않았던 과거의 일을 떠올리면 '이땐 이렇게 하는 게 좋았을까?', '그렇게 했으면 상황이 바뀌었을까?' 하고 가능했을 일들에 대해 생각하며 자신의 지난 행동을 후회하게 되는 것이죠.

하지만 이미 지난 과거는 바꿀 수 없고 아무리 후회해봐야 끝이 없습니다. 어쩔 수 없는 일들에 대해 곱씹을수록 자신에게는 후회만 남게 될 뿐입니다.

그리고 후회란 자신에 대한 부정이기도 합니다. '왜 이렇게 하지 않았을까?', '다르게 할 수는 없었을까?' 하고 다른 가능성을 상상하며 스스로를 몰아넣게 됩니다. 그 결과, 자기혐오로 이어지게 됩니다.

참고로 미래를 자주 상상하는 사람은 밑도 끝도 없는 불안감을 느끼는 경우가 많습니다. 훗날 무슨 일이 일어날지 지금으로써는 알 수 없기에 오지도 않은 미래를 끊임없이 상상하며 계속해서 불안감을 느끼는 것입니다.

세 가지 시제 중 우리가 집중해야 할 것은 바로 '현재'입니다. 지금 당장이라면 자신의 뜻대로 움직일 수 있기 때문입니다.

계기 5 이상과 현실 사이에 격차가 있을 때

사람에게 스트레스를 주는 요인 중 하나로 '기대'가 있습니다. 사람은 어떤 일에 기대를 품은 순간부터 스트레스를 받기 시작합니다. 먼저 '과연 내 기대대로 흘러갈까?'라는 불안감이 마음을 옥죄고 그 결과, 불안감을 품은 채 일이 진행되는 모습을 지켜보게 됩니다. 다시 말하자면 기대가 마음을 옭아매는 셈입니다.

그리고 일이 자신의 기대대로 흘러가지 않았을 경우, 분노나 슬픔 등의 부정적인 감정이 솟아나기 시작합니다. 처음에는 기대감 그 자체로 인한 불안감, 그다음에는 일이 뜻대로 되지 않았을 때의 부정적인 감정, 기대는 이렇게 두 단계로 스트레스를 가한다고도 볼 수 있습니다.

가장 스트레스가 적은 경우는 오로지 '기대한 대로 흘러갔을 경우'뿐입니다. 하지만 이 또한 그다지 긍정적인 감정으로 이어지지는 않습니다. 기껏해야 '기대한 대로 잘 풀렸다'라는 짧은 안도감 정도일 뿐이죠. 그리고 기대감이 큰 사람이라면 '잘 풀리는 게 당연해'라고 생각하는 경우가 많습니다. 그런 경우는 긍정적인 감정조차 생겨나지 않는, 플러스마이너스 제로에 가깝습니다.

기대가 더욱 성가신 이유는 대개 본인은 자각하지 못한 상태에서 품게 되기 때문입니다. 따라서 만약 기대한 대로 일이 잘 풀렸다 하더라도 곧이어 또 다른 기대를 품어버립니다.

이 기대가 자기 자신을 향하면 이상과 현실 사이의 격차에 괴로움을 느끼게 됩니다. '나는 원래 이렇게 되어야 해'라는 기대를 스스로에게 품고, 그렇지 못한 자신을 보며 고통스러워합니다. 이것이 곧 자기혐오로 이어지게 됩니다.

계기 6 의도치 않게 남의 기분을 상하게 했을 때

쉽게 '죄책감'을 갖는 사람도 자기혐오에 빠지기 쉽습니다. 죄책감이란 스스로를 나쁜 사람, 죄 많은 존재라고 인식하는 것으로, 그야말로 자기혐오 그 자체이기 때문입니다.

죄책감은 상대방에게 나쁜 짓을 저질렀다고 인식한 그 순간에 생겨납니다. 달리 말하면, 그전까지는 그 일이 나쁘다는 걸 혹은 자신이 그런 일을 했다는 걸 자각하지 못했다고도 볼 수 있습니다.

나쁜 의도는 없었지만 자신이 내뱉은 언동에 상대방의 기분이 상하는 일은 일상에서 얼마든지 일어나기 마련입니다. 이를테면 상대방을 칭찬할 생각으로 한 말이 알고 보니 상대방이 민감하게 생각하는 점이었을 때, 잘 되었으면 하는 생각에 일을 맡았더니 사실은 다른 사람이 하고 싶은 일이었다는 사실을 알아차렸을 때 등이 있습니다. 하지만 이런 일에서 대부분의 사람은 상대방에게 사과하고 가볍게 넘기거나, 혹은 자각조차 하지 못하는 경우가 태반입니다.

진짜 '죄'는 본인이 자각조차 하지 못한 채, 나쁘다는 걸

인지도 못한 채 주위 사람을 상처 입히는 그런 일입니다. 따라서 죄책감을 잘 느끼는 그 사람은 사실 아무런 나쁜 짓도 하지 않았을 가능성이 높습니다.

하지만 이런 사람은 '상대방에게 몹쓸 짓을 하고 말았다'라는 근거 없는 생각을 쌓아가며 자기 스스로를 죄가 많은 사람으로 각인시켜버립니다. 표현을 달리하자면, 실제로는 존재하지 않는 가상의 '죄 많은 자신'을 만들어낸다고 볼 수도 있습니다.

결과적으로 그런 자신을 도무지 좋아할 수 없어서 자기혐오에 빠져버리고 맙니다.

(LOVE MYSELF 04)

자신을 좋아하지 못해도
괜찮은 이유

'자기긍정감'이라는 말, 어디선가 많이 듣고 이제는 꽤 익숙해진 느낌이지만, 한편으로는 무척 이해하기 어려운 개념입니다. 왠지 좋은 말 같고, 나에게도 꼭 필요한 감정이라는 생각도 들고, 이것만 있으면 삶이 편해질 듯한 느낌도 듭니다. 그런데 막상 그것이 무엇인지는 썩 와닿지 않습니다.

그 이유는 '자신을 긍정한다'라는 개념 자체가 매우 추상적이기 때문입니다. 우리는 일상생활 속에서 '나 자신을 긍정해야지!'라고 의식하며 살아가는 경우는 거의 없습니다. 애당초 나라는 존재를 긍정해야 할 대상으로 인지해본 적조차 없는 사람이 훨씬 많습니다.

하지만 그 대상이 타인이라면 '긍정하기'라는 행위가 훨씬 구체적으로 떠오르지 않나요? 침울한 친구에게 용기를 북돋워주는 것, 울고 있는 자녀를 끌어안아주는 것, 일 때문에 자신이 없어진 동료에게 말을 걸어 응원해주는 것. 이 모든 게 타인을 긍정하는 행위입니다. 이는 실제 '행동'을 수반하고 있기 때문에 구체적인 이미지가 쉽게 떠오르는 것입니다.

하지만 자신을 긍정한다는 건 어떨까요? 이 경우, 긍정하는 쪽도, 긍정을 받는 쪽도 모두 나 '자신'입니다. 자신을 또 하나의 자신이 부감하며 긍정하는 구조인 셈입니다. 물론 외적으로는 아무런 행동도 드러나지 않으니 당연히 상상하기 어려울 것입니다. 애초에 자신을 긍정한다는 것이 가능할까요? '나는 괜찮은 사람이야'라고 생각하는 것이 가능할까요? 그게 불가능하기에 이토록 괴로워하고 있는 것은 아닐까요?

실제로 자신을 긍정하는 것은 매우 어려운 일입니다. 왜냐하면 진정한 자기긍정이란 자기긍정이라는 개념 자체를 의식조차 하지 않는 상태이기 때문입니다. 지금 이대로의 내가 좋다는 사실을 굳이 의심하거나 되새기지 않아도 자연스레 그렇게 느끼며 살아가는 상태인 것입니다. 따라서 자기긍정감이라는 개념을 의식해버린 시점에서 자기긍정감을 가질 수 없게 됩니다.

그렇다면 자기긍정감이 없는 사람은 그냥 포기해야 할까요? 그렇지 않습니다. 천천히, 조금씩 키워나갈 수는 있습니다. 자신의 성격을 바꿔나가듯이 조금씩, 조금씩 말이죠. 그리고 훨씬 손쉬운 형태로 손에 넣을 수도 있습니다. 바로 자기혐오를 떨쳐내는 사고방식을 통해서 말이죠.

자기혐오에 빠진 사람은 새삼 말할 필요도 없이 스스로를 긍정하지 못합니다. 하지만 자신을 긍정하는 데까지 도달하기는 힘들더라도, 자기혐오를 떨쳐내는 정도라면 할 만하다고 생각할 수도 있습니다. 왜냐하면 자기혐오에는 단계가 있기 때문입니다. 자신이 끔찍하게 싫은 상태라면 '그다지 좋아하지 않아' 단계까지, 그다지 좋아하지 않는다면 '좋지도 싫지도 않아' 단계까지. 한 단계씩 긍정적인 방향으로 천천히 바꿔나갈 수 있기 때문입니다. 그리고 이는 분명 자기긍정보다 상상하기 쉬운 길일 것입니다.

> LOVE MYSELF 05

자기혐오를 하는 사람과 하지 않는 사람의 차이

그럼, 자기혐오를 하는 사람과 하지 않는 사람의 차이는 어디서 비롯되는 걸까요? 이는 '현재'를 중심으로 생각하는지, 그렇지 않은지의 차이에서 시작됩니다.

인간은 과거, 현재, 미래라는 세 가지 시제 중 하나를 중심으로 생각한다고 앞서 설명했습니다. 이 중에서 어느 시제를 더 중심적으로 생각하는지는 개인의 성향에 따라 다릅니다. 다시 말해, 사고방식에 습관이 있다는 뜻입니다. 그리고 자기혐오에 빠지기 쉬운 사람은 대개 '과거' 혹은

'미래'만을 생각하는 습관이 있습니다.

이를테면 과거를 생각하는 버릇이 있는 사람은 항상 지나간 일만을 되새깁니다. 즐거운 추억을 떠올린다면 그나마 다행이지만 공교롭게도 그렇지 못한 경우가 대부분입니다. 그렇다면 무엇에 대해 생각할까요? 바로 '과거에 대한 후회'를 생각하곤 합니다. '그런 짓은 하지 말 걸 그랬어', '이렇게 말했어야 했는데' 불현듯 그런 생각에 빠지게 됩니다.

이러한 과거의 후회는 달리 말하자면 현재 자신에 대한 비판입니다. '왜 그런 짓을 한 거야?', '왜 이러지 못했어?' 그런 생각을 하면 할수록 스스로가 싫어집니다. 급기야 그런 생각만 하는 자신에게도 혐오감이 생깁니다. 또한 과거는 이미 돌이킬 수 없는 영역이기에 마음만 먹으면 끝없이 후회할 수 있습니다. 그럴 때마다 자기혐오의 늪은 점점 더 깊어지게 됩니다.

그리고 미래에 대해 생각하는 버릇이 있는 사람도 자기혐오에 빠지기 쉽습니다. 물론 기대감이나 긍정적인 상상으로 미래를 꿈꾸는 경우라면 별문제가 없습니다만 이 경우 역시 대개는 그렇지 못합니다. '이거면 되겠어?', '이대로 괜찮겠어?' 등등 실제로 미래에 대해 자주 생각하는 사람은 아직 일어나지도 않은 나쁜 일을 상상하며 불안감에 빠지기 쉽습니다. 그 결과, 점점 자신감을 잃게 되고 나뭇잎처럼 불안감에 흔들리는 자신에게 실망해 점점 혐오감을 품게 됩니다. 그리고 미래 역시 아직 도래하지 않은 영역이기에 걱정하려 들면 끝임없이 상상하며 불안감을 증식시킬 수 있습니다.

한편, 현재를 중심으로 생각하는 사람은 과거의 일도, 미래의 일도 그다지 의식하지 않습니다. 과거에 벌어진 일을 후회해봐야 소용없는 일이기에 생각하려 하지 않습니다. 설령 떠올렸다 하더라도 거기서 현재에 활용할 수 있는 교훈을 이끌어내려 합니다. 즉, 과거에 겪은 실패로부터 뭔가를 배우고자 합니다. 이는 현재를 더 나아지게 만들고자 하는 사고방식을 가지고 있기 때문입니다.

이런 사람들은 미래에 대한 일 역시 생각하자면 끝이 나지 않기에 그다지 생각하려 하지 않습니다. 일어날 가능성이 있는 일이라면 '지금 무슨 대책을 세우면 좋을까?'라고 현재 할 수 있는 일을 찾는 방식으로 생각을 전환합니다.

현재를 생각하는 사람은 현재를 살아갑니다. 자신이 지금 할 수 있는 일을 생각하고, 지금 이 순간에 일어나고 있는 일을 즐기려 합니다. 자신의 인생을 이끌어나간다는 감각이 있기에 자기혐오에 빠질 겨를이 없습니다. 다시 말해, 자기혐오에 빠지기 어렵다는 뜻입니다.

(LOVE MYSELF 06)

자기혐오를 버리기 위한 힌트

사실 '자기혐오를 버린다'라는 행위 역시 자신을 긍정하는 한 가지 방법입니다. 자기긍정이라는 개념은 지나치게 추상적이므로 머릿속에 명확한 이미지를 그리기가 쉽지 않습니다. 따라서 자기긍정을 위한 구체적인 행동을 삶에 적용하기 위해 그 첫걸음으로 '자기혐오 버리기'에서부터 시작할 수 있습니다. 이는 달리 말하면, '수동적인 형태의 자기긍정'이라고도 표현할 수 있겠습니다.

그렇다면 구체적으로 어떻게 해야 자기혐오를 버릴 수

있을까요? 그러기 위해서는 자신을 싫어하게 되는 때가 언제인지 면밀히 돌아볼 필요가 있습니다. 평소 우리가 일상생활을 영위하는 가운데 '나 자신이 싫다'라고 생각하는 순간은 사실 그렇게 자주 발생하지 않습니다. 그런 순간은 앞서도 언급했듯이 예고 없이 불현듯 찾아오는 법입니다.

그렇다면 이 '불현듯 찾아오는 순간'에 우리는 어떤 상태일까요? 아마도 피로감을 느끼고 있을 가능성이 높습니다. 뭔가를 정신없이 처리하다 피로를 느끼면 순간적으로 딴 생각을 하곤 합니다. 그때, 과거를 후회하거나 타인과 비교를 하면서 자신이 싫어지게 되는 것이죠.

이 상태를 저는 '머릿속이 한가한 상태(실제 행동과 생각이 일치하지 않는 상태를 의미하는 표현으로 저자가 만든 조어이다.-옮긴이)'라고 부릅니다. 사람은 일반적으로 눈앞의 일에 몰두하고 있을 때는 부정적인 생각에 휩싸이지 않습니다. 작업하기, 공부하기, 집안일 하기 등 무슨 일을 하든 그 일을 생각하며 행동할 때는 부정적인 사고가 개입할 여지가 적습니다.

하지만 행동은 하되 생각이 딴 길로 새게 되면, 즉 생각과 행동이 괴리되기 시작하면 부정적인 생각을 품기 시작합니다. 몸으로는 요리를 하고 있는데 요리에 대해 생각하는 대신 멍하니 다른 생각을 하기 시작한다면, 그 순간 괜히 과거의 실패가 떠오르는 것입니다. 그리고 한숨을 내쉬며 자신을 혐오하게 됩니다.

자신이 싫어진 순간은 분명 이러한 순간일 것입니다. 이것이 제가 말한 '머릿속이 한가한 상태'입니다. 뭔가를 하고 있으니 물리적으로는 한가하지 않지만, 머릿속만이 한가해져서 다른 생각을 하는 상태이죠.

이렇게 되면 사람은 두서없이 생각을 이어나가기 시작하고 두서없는 생각은 정답 없는 문제로 이어지게 됩니다. 이는 곧 지금 당장 해결할 수 없는 고민거리를 부르고, 그 고민거리에 제대로 답변을 내놓지 못하면서 스스로에게 혐오감을 느끼게 되는 것입니다. 따라서 자기혐오를 버리기 위한 힌트는 '머릿속이 한가한 상태'를 해결하는 데에 있습니다.

일곱 가지 자기혐오 유형 살펴보기

LOVE MYSELF 01

성장 환경과 자기혐오 사이의 깊은 관계

자기혐오와 성격은 떼려야 뗄 수 없는 관계입니다. 예를 들어, 작은 일에 연연하지 않는 성격이라면 어떤 일이 잘 풀리지 않았다 해도 그다지 신경 쓰지 않습니다. 따라서 어떤 일이 생겨도 자기혐오로 이어질 가능성이 낮아집니다. 반면, 꼼꼼하고 예민한 성격이라면 이런저런 사소한 일에도 신경을 쓰면서 자신의 '결점'까지 발견하고 맙니다. 그러다 결국 자기혐오라는 감정에 도달하기도 합니다. 그리고 우유부단한 사람은 항상 결단을 내리지 못하고 망설입니다.

결정을 미룬 끝에 '그때 그랬으면 좋았을걸' 하고 후회하고, 그런 후회가 반복되면 자기혐오로 이어지기도 합니다.

이렇게 살펴보면 자기혐오에 빠지기 쉬운지 아닌지는 그야말로 그 사람의 성격과 밀접한 관련이 있다고 해도 틀린 말이 아닐지도 모릅니다. 그렇다면 성격은 무엇에 의해 만들어지는 걸까요? 이는 본래의 '기질'과 이후의 '성장 환경'에 의해 형성됩니다.

본래의 기질이란 타고나는 성향을 말합니다. 겁이 많은 기질, 타인에게 민감한 기질, 자제심이 강한 기질, 충동적인 기질 등이 이에 해당합니다. 이러한 기질은 동물의 세계에서도 쉽게 찾아볼 수 있습니다. 예를 들어, 개를 키우다 보면 다양한 강아지를 보게 될 기회가 생깁니다. 그러면 아직 강아지인데도 실로 다양한 성격이 있다는 사실을 깨닫게 됩니다. 어떤 강아지는 낯선 사람에게 처음부터 꼬리를 흔들며 다가가고, 어떤 강아지는 조심스레 주변을 살피며 천천히 다가갑니다. 어떤 강아지는 구석에서 벌벌 떨고 있고, 또 어떤 강아지는 공격적으로 짖어대며 경계심을 드러냅니다. 인간도 이와 마찬가지입니다. 본래의 기질이란 태어날 때부터 갖춰져 있습니다.

하지만 성격을 형성하는 것은 기질뿐만이 아닙니다. 이후의 성장 환경에도 크게 영향을 받습니다. 본래 밝은 성격이었다 하더라도 불안정한 가정 환경에서 자랐다면 성격이 위축되고 어두워질 수 있습니다. 반대로 본래 자신감이 없는 성격이었다 하더라도 작은 성공과 긍정적인 피드백이 누적되는 과정에서 점차 자기긍정감이 높아지기도 합니다. 성장 환경에 따라 본래의 기질과는 정반대의 성격이 형성되는 경우도 있는 것이죠. 다시 말하면, 현재의 성격이 맘에 들지 않는다고 스스로를 포기할 필요는 없다는 뜻입니다.

물론 성격을 바꾸는 건 간단한 일이 아닙니다. 그러나 지금의 성격은 자신이 지나온 '역사'가 축적되면서 형성된 결과물입니다. 그리고 역사는 과거뿐 아니라 앞으로도 축적해나가는 것입니다. 이는 자신의 사고방식이나 행동을 쌓아나가면서 조금씩 변화시킬 수 있다는 뜻입니다. 즉, 자기혐오에 빠지기 쉬운 성격 역시 노력을 통해 변화시킬 수 있다는 말입니다.

LOVE MYSELF 02

나의 자기혐오 유형 알아보기

① 완벽주의 유형

자기혐오란 자신을 다른 무언가와 비교할 때 발생합니다. 그 무언가는 타인일 수도 있고, 자기 내면의 높은 이상일 수도 있습니다. 이런 논리를 바탕으로 생각해보면 자신의 이상이 높은 사람일수록 현실과의 차이로 인해 자기혐오에 빠지기 쉽다고 볼 수 있습니다. 자신의 이상이 높은 사람이란 이른바 '완벽주의자'입니다.

완벽주의자는 필요 이상으로 높은 목표를 설정하고 이

를 달성하고자 합니다. '이 정도로 충분하겠지', '적당히 하면 될 거야' 같은 사고방식을 용납하지 못합니다. 여기에는 몇 가지 이유가 있습니다.

▶ 불안감이 높다

완벽주의자는 쉽게 불안을 느끼는 경향이 있습니다. 이 불안감은 일이 내가 생각한 대로, 계획한 대로 되지 않을까 봐 염려하는 데서 비롯됩니다. 따라서 이 불안감을 없애기 위해 무슨 일이 일어나더라도 문제가 없게끔 지나치게 철저히 준비하려 합니다. 어떤 경우에도 대비할 수 있게끔 완벽하게 준비하려는 것이죠. 이것이 이들이 완벽주의자가 되는 이유입니다.

▶ 자신을 낮게 평가한다

완벽주의자는 철두철미한 성향과 다르게 자신을 낮게 평가하는 경우가 많습니다. 자신감이 부족하기 때문에 완벽을 추구해 어떻게든 그 부족함을 보완하려는 경향을 띠는 것입니다. 그래서 스스로를 실제 능력 이상으로 과대평가하는 사람이 쉽게 방심하는 경우와는 반대로, 완벽주의자는 자신을 실제 능력보다 모자란 사람이라 여기는 경향 때문에 집착하듯이 부족한 면을 보완하려 합니다.

▶ 우선순위를 잘 정하지 못한다

무슨 일이든 완벽하게 소화하려는 태도는 바꿔 말하자면 '우선순위를 잘 정하지 못한다'라는 말이기도 합니다. 모든 일을 빠짐없이 잘 해내야 한다고 생각하기 때문에 우선순위를 정하지 못하는 것이죠. 그 모습은 때때로 다른 사람에게는 사소한 부분에 지나치게 집착하는 것처럼 보이기도 합니다.

이러한 이유로 사람은 완벽주의자가 됩니다. 하지만 문제는 정작 자신이 완벽주라자라고 자각하는 경우가 많지 않다는 사실입니다. 이는 자신이 높은 목표를 지향하는 것이 당연한 일이라고 인식하기 때문입니다. 또한 본인의 입장에서 자신이 설정한 목표가 그다지 높다고 생각하지도 않고, 그것을 이루기 위한 일들이 완벽을 추구하는 것이라고도 생각하지 않습니다.

그렇다고는 하나 이상이 높은 만큼 생각대로 일이 잘 풀리지 않는 경우도 많습니다. 그 순간, 당연히 해야 할 일도 제대로 못해냈다는 생각이 머릿속을 스치며 자기혐오에 빠지게 됩니다.

② 다재무능 유형

'가면 증후군 Impostor Syndrome'이라는 말을 들어본 적 있나요? 이 말은 의학적인 진단명이 아니라 심리학에서 주장하는 개념입니다. 사회적으로는 성공했음에도 불구하고 자신이 달성한 성과를 내면적으로 긍정하지 못하는 상태에 붙여지는 표현입니다. 이 용어는 1978년에 심리학자 폴린 R. 클랜스 Pauline R. Clance 와 수잰 A. 임스 Suzanne A. Imes 가 명명한 것입니다.

가면 증후군에 빠진 사람들이야말로 자기혐오에 빠져있다고도 볼 수 있습니다. 이들은 객관적으로 볼 때 무엇이든 척척 잘 해내고 매사가 잘 풀리는 것처럼 보이는 사람들입니다. 그럼에도 불구하고 마음속으로는 '어쩌다 잘 얻어 걸렸을 뿐이야', '내 일이 잘 풀리는 건 사회를 속이고 있기 때문이야' 같은 생각에 시달립니다. 이처럼 겉으로는 성공했지만 속으로는 끊임없이 자신을 부정하는 사람들이 적지 않습니다.

또한 이 현상은 아무리 좋은 성과를 냈더라도 자기혐오에서 헤어나지 못하는 경우가 있다는 사실도 보여주고 있습니다. 즉, 자기혐오는 자신의 사고방식에서 비롯된 산물로 사고방식 자체를 바꾸지 않는 한 해결되지 않는다는 뜻입니다.

가면 증후군에 빠진 사람들은 대체로 능력이 뛰어나고 무엇이든 잘하는 경우가 많습니다. 하지만 이런 사람들은 '무슨 일이든 웬만큼은 할 줄 알지만 두드러진 재주는 없다'라고 스스로를 평가 절하하고 있지는 않을까요? 그런 생각이 강한 탓에 설사 일이 잘 풀렸다 하더라도 자기의 재능 때문이 아니라는 생각에 빠지고 마는 것입니다.

이는 이른바 '다재무능'이라 불리는 유형의 사람들과 비슷하다고 볼 수 있습니다. 다재무능이란 말은 일반적으로 '재주와 능력이 많아 보이지만 하나같이 어중간해서 대성하지 못하는 경우'를 의미하는 인터넷 은어입니다. 그렇게

보자면 '성공'은 하지 못했으니 언뜻 가면 증후군과는 별개의 문제처럼 보입니다. 하지만 무엇이든 척척 해내는데 잘 풀리지 않는 사람이 실제로 존재할까요? 적어도 저는 무엇이든 척척 해내는데 잘 풀리지 않는 사람은 본 적이 없습니다.

문제는 '어중간해서'라는 대목에 있다고 생각합니다. 자신이 다재무능하다 생각하는 사람은 항상 자신보다 높은 곳을 바라보고 있습니다. 따라서 아무리 자신이 뭔가를 성취했다 하더라도 그것을 '어중간하게 잘했다'라고 깍아내리며 성과를 있는 그대로 인정하지 못합니다. 더 높은 곳만 바라보며 '나는 전혀 이루지 못했어'라고 스스로를 깎아내리고 마는 것입니다. 이런 다재무능한 사람 역시 자기혐오에 빠지기 쉬운 유형이라고 볼 수 있습니다.

③ 타인과 비교하는 유형

사소한 일에도 남과 비교하려는 유형의 사람 역시 쉽게 자기혐오에 빠질 수 있습니다.

이때의 비교는 대개 자신보다 더 나은 환경의 사람을 향하기 마련입니다. 물론 자신이 더 뛰어난 부분도 충분히 많을 텐데 이 유형의 사람들에게 그런 부분들은 좀처럼 눈에 들어오지 않습니다. 말하자면 자신에게 없는 것만 선망하다가 열등감을 느끼고 마는 것입니다. 그리고 이는 쉽게 자기혐오로 변모하게 됩니다.

이러한 유형의 사람은 타인축他人軸(일본에서 널리 사용되는 심리학 용어이다.-옮긴이)**인 경향이 강합니다.** 타인축이란 '남이 나를 어떻게 생각할까'가 가치 판단의 기준이 되는 사고방식이나 행동 패턴을 말합니다(반대로 자신의 신념이나 소신을 기준으로 삼는 사고방식은 '자기축'이라고 합니다). 예를 들어, 어떤 것을 선택하기 위해 결단을 내릴 때, 자신의 의지가 아니라 타인의 시선과 평가를 선택의 기준에 두는 것이 타인축인 사람들의 사고방식입니다. 딱히 하고 싶은 일은 아니지만 체면 때문에 마지못해서 한다거나, 부모로부터 미움을 받고 싶지 않으니 공부를 한다거나, 회사 내 평가가 안 좋아질까 봐 할 일도 없는데 남아서 야근을 하는 등의 행위는 모두 타인축에서 비롯된 행동입니다.

타인축의 가장 큰 문제점은 항상 조바심이 나고 불안해진다는 점입니다. 타인이 자신의 규범을 이루고 있지만 내가 타인을 직접 제어하기란 불가능합니다. 게다가 여기서 말하는 '타인'은 자신을 제외한 모든 사람을 의미합니다. 이렇게 되면 항상 자신을 제외한 다른 누군가의 낯빛을 살피며 살아가게 됩니다. 그 결과, 타인의 의중을 파악하기 위해 항상 조바심이 나고 불안감에 빠지는 것입니다.

이러한 일상 속에서 '내 생각은 어떤가', '나는 무엇을 하고 싶은가'라는 질문은 점점 뒷전으로 밀려납니다. 그러는 사이에 결국 내가 진짜 원하는 것이 무엇인지조차 모르게 되는 상태에 이르게 됩니다. 내 인생을 내 의지대로 이끌어나간다는 감각을 잃어버리고 마는 것입니다.

왜 이런 일이 생기는 걸까요? 이는 성장 과정과 크게 관련이 있습니다. 성장기에 주변의 어른들로부터 자신을 인정하고 받아들이는 말이나 행동을 경험하지 못한 사람일수록 스스로를 있는 그대로 받아들이기보다 남과 비교하려는 습관을 갖기 쉬워집니다. 칭찬받기 위해, 인정받기 위해서는 주변 사람에게 잘 보이는 것이 중요하다고 믿게 되어버리는 것입니다.

결과적으로 자신보다 타인의 상태를 더 '의식하게' 되고, 자신보다 빛나는 사람과 마주할 때마다 자기혐오를 느끼게 되는 것입니다.

④ 자기검열 하는 유형

자기검열을 반복하는 사람 역시 자기혐오에 빠지기 쉬운 유형입니다.

직장에서 회식할 때를 예로 들어보겠습니다. 화기애애하고 즐겁게 시간을 보낼 때는 좋았지만 자리가 파하고 홀로 집에 돌아가는 길에 자꾸만 찜찜한 생각이 듭니다. '그때 그런 소리를 했는데 안 하는 편이 나았을까?', '너무 말을 안 해서 나를 음침한 사람이라고 생각하지는 않았을까?', '그때 샐러드 좀 갖다 달라고 선배를 부려먹었어. 어휴~ 또 사고 쳤네' 등등 끝없는 자책이 밀려듭니다. 기껏 회식에 참가했으니 즐거운 기분만 남긴 채로 돌아왔다면 좋았을 텐데 그러지 못합니다. 머릿속은 자꾸만 불필요한 반성으로 가득 차고, 즐거웠던 기분은 온데간데없이 사라지고 마는 것입니다.

이러한 유형의 사람은 여행이든, 놀이공원이든, 파티든 어떤 자리에서도 온전하게 즐기지 못합니다. 결국 어김없이 '혼자만의 반성회'를 열어서 스스로를 괴롭힐 것이기 때문입니다. 이러한 경향이 심해지면 아예 타인과 관련된 행사 자체를 피해버리는 경우마저 생겨나게 됩니다.

위와 같은 이른바 '혼자만의 반성회'가 반복되는 데에는 몇 가지 이유가 있습니다. 첫 번째는 머릿속이 금세 한가해지기 때문입니다. 다른 사람들과 행사를 즐길 때는 그나마 낫습니다. 하지만 행사가 끝나고 혼자 있게 되면 곧바로 머릿속이 한가해집니다. 귀갓길이나 집 안에서 멍하니 있는 순간, 금세 '오늘은 괜찮았으려나?' 하고 하루를 돌아보며 자신의 말과 행동들을 검열하기 시작합니다.

또한 이 유형의 사람들은 과거의 일을 자주 곱씹는 경향이 있습니다. 이미 끝난 일을 돌아보며 이런저런 생각에 빠지곤 합니다. '이렇게 했으면 어땠을까?', '저렇게 했으면 더 좋았을 텐데'라고 가능했을 상황에 대해 상상하고 결과적으로 그렇게 되지 못한 것을 아쉬워합니다. 그렇게 한번 부정적인 생각에 빠지면 후회가 점점 커지게 되고 그런 결정을 한 자신에 대한 부정적 인식 또한 깊어져만 갑니다. 과거에 있었던 일은 바꿀 수 없으므로 혼자서 한없이 번민하게 됩니다. 그래서 과거를 회상할 때면 즐거운 추억에 잠기기는커녕 매번 반성회를 열어 자신의 언행을 검열하는 것입니다.

또한 이는 어디까지나 '나 혼자만의' 반성회입니다. 그 생각이 객관적이지 못한 것을 지적하거나, 사고의 흐름을 전환해줄 누군가가 없기 때문에 자신의 사고방식이 왜곡되었다는 사실을 눈치채지 못합니다. 그렇기 때문에 왜곡은 점점 더 심해지고 자기혐오 역시 심화될 뿐입니다.

⑤ 당위적 사고 유형

심리학에서 말하는 사고방식 중에 '당위적 사고 Should Thinking'가 있습니다. 당위적 사고를 하는 사람은 무슨 일이든 '~해야 해', '~해야만 한다'라고 생각합니다. 그리고 이러한 생각을 반드시 지켜야 할 규칙이라 여기며 스스로를 옭아맵니다. '~해도 돼', '~하는 편이 좋겠어'라는 유연한 사고방식이 아닌, '~해야만 해'라는 강박적 사고에 사로잡히는 것입니다. 그리고 이러한 사고방식은 타인과 자신 모두에게 적용됩니다.

당위적 사고가 타인에게 적용되었을 때는 타인에게 엄격한 잣대를 들이대게 됩니다. 타인의 행동이 거슬리게 느껴지고 자신의 생각과 다를 경우에는 화가 나며 짜증이 나죠. 또 자신의 것과 다른 가치관을 받아들이지 못하고 시야가 좁아집니다. 결과적으로 타인에게 관용을 베풀지 못하게 됩니다.

다만 당위적 사고가 자신에게 적용되었을 때 문제를 일으키는 경우가 훨씬 많습니다. 당위적 사고가 타인을 향할 때와 마찬가지로 자기혐오에 빠질 때 역시 같은 패턴이 반복됩니다. '~해야 해', '~해야만 해'라는 생각이 항상 스스로를 압박하며 그 결과, 머릿속에는 반드시 해야만 하는 일들, 그렇지만 하지 못한 일들만 남고 맙니다. 그리고 해야 할 일들을 제대로 해결해내지 못하는 자신을 감점 방식으로 평가하게 되는 것이죠.

물론 사람이 하는 일이니 꼭 해내야 한다고 생각하더라도 일이 뜻대로 흘러가지 않는 경우는 불가피하게 찾아오기 마련입니다. 그리고 그럴 때마다 이 유형의 사람들은 자신에 대한 평가가 낮아지게 되죠.

또한 이 당위적 사고의 가장 큰 결점은 '당연히 할 수 있어야 한다'라는 가치관입니다. 자신의 머릿속에 있는 '~해야 해'라는 생각은 당연히 지켜야 할 의무이기 때문에 그것을 해냈을 때 비로소 시작점에 서게 되는 것입니다. 한편, '~하는 편이 좋아'라는 유연한 사고방식은 '할 수 있으면 좋겠지만 실패해도 괜찮다'라는 여지를 남깁니다. 따라서 반드시 해내지 못하더라도 크게 상관이 없는 것입니다.

결과적으로 당위적 사고가 계속되는 한 나 자신은 당연한 일도 해내지 못하는 인간이 되어 항상 자기를 낮게 평가할 수밖에 없습니다. 그 결과, 당연한 일도 하지 못하는 자신을 혐오하게 되어버립니다.

⑥ 거절을 못하는 유형

좀처럼 일을 거절하지 못하고 누가 일을 부탁하거든 "네" 하며 덜컥 떠맡아버리는 사람. 다른 사람과 일을 나누지 못하고 결국 혼자 다 감당하려 드는 사람. 제대로 일이 풀리지 않더라도 미안한 마음에 다른 사람에게 상담조차 하지 못하는 사람. 주변에서 한 번쯤은 이런 사람을 본 적이 있을 것입니다.

이렇게 모든 일을 거절하지 못하고 혼자 떠맡는 유형의 사람들도 자기혐오에 빠지기 쉽다고 볼 수 있습니다. 왜냐하면 과도하게 짊어진 일들은 언젠가는 결국 꼬여버리고 감당할 수 없는 지경이 되기 때문입니다. 그리고 그런 자신을 싫어하게 되는 것이죠. 이러한 유형에게는 다음과 같은 특징이 있습니다.

▶ 자신의 상황을 정확히 파악하지 못한다

만약 자신이 어떤 상황에 놓여 있는지를 정확하게 파악하고 있다면 모든 일을 혼자 다 떠맡는 사태를 미연에 방지할 수 있습니다. 자신이 처리할 수 있는 양과 주어진 시간은 정해져 있으니 '더 이상은 무리다'라는 한계점을 알기 때문입니다. 하지만 혼자 다 떠맡는 유형은 자신의 상황을 명확하게 파악하고 있지 않은 경우가 많습니다. 그 결과, '바쁘지만 어떻게든 되겠지'라고 막연한 생각으로 일을 떠맡게 되는 것입니다.

▶ 잘 거절하지 못한다

잘 거절하지 못하는 사람도 당연히 일을 잔뜩 떠맡기 쉽습니다. 그리고 거절하지 못하는 사람에게는 계속해서 일이 날아들게 됩니다. '저 사람이라면 거절하지 않고 받아주겠지?'라는 평판이 주변에 널리 퍼져 있기 때문입니다.

잘 거절하지 못하는 사람에게는 다양한 이유가 있습니다. 상대방의 기세에 눌려 단호하게 말하지 못한다거나, 거절했을 때 상대방이 어떤 반응을 보일지 불안하다거나, 남의 미움을 사거나 자신에 대한 평가가 나빠질까 두렵다는 등의 이유입니다.

▶ 보·연·상에 서툴다

보·연·상(보고, 연락, 상담의 줄임말로 일본 직장인들에게 필수적인 기본 원칙으로 통한다. - 옮긴이)에 서툰 사람 역시 모든 일을 혼자 떠맡기 쉽습니다. 이들은 지금 자신이 맡은 일이 어떤 상황인지 상대방에게 제대로 알리지 못하는 사람입니다.

이러한 경우는 소통을 어려워하는 사람이나, 보·연·상의 중요성을 인지하지 못하고 무심결에 뒤로 미뤄버리는 사람에서 자주 찾아볼 수 있습니다. 또한 상황을 상대방에게 알렸다가 상대방의 부담이 늘어나버리지는 않을까 걱정하는 사람에게서도 자주 찾아볼 수 있습니다.

⑦ 착한 사람 콤플렉스 유형

누구에게나 좋은 면만 보여주려 하는 사람을 보고 우리는 '착한 사람 콤플렉스' 혹은 '두루춘풍'(누구에게나 좋게 대하는 일이나 그런 사람을 일컫는 말이다.-옮긴이)이라고 말합니다. 이런 말은 종종 '싹싹하고 요령이 좋지만, 신용하기 힘들다'라는 부정적 의미로 사용되는 경우도 있습니다. 하지만 착한 사람 콤플렉스는 두 가지 유형으로 나눌 수 있습니다. 한 가지 유형은 자기축, 나머지 한 유형은 타인축인 경우입니다.

자기축인 유형은 어째서 자신이 모든 사람들에게 좋은 모습만 보이려 하는지 본인 스스로도 잘 인식하고 있습니다. 이는 자기 보신을 위한 것이거나, 타인을 이용하기 위함입니다. 그게 옳은 일인지 아닌지와는 별개로 두루춘풍이란 말이 부정적으로 사용될 때는 이러한 유형의 사람을 가리킵니다. 다만 '자기혐오'라는 관점에서 본다면 이러한 유형은 자기혐오에 잘 빠지지 않습니다.

자기혐오에 빠지기 쉬운 쪽은 타인축인 유형입니다. 이 경우, 자기 보신이나 타인을 이용하겠다는 의도는 없습니다. 그저 **'누구에게도 미움받고 싶지 않다'라는 마음이 너무 강한 것뿐입니다.** 누구에게도 미움을 받고 싶지 않기에 상대방에게 모든 걸 맞추다 보니 말이 이랬다저랬다 바뀌고 결국 착한 사람 콤플렉스로 비춰지고 마는 것이죠.

이 경우, 두루춘풍처럼 보이더라도 결국은 타인의 낯빛을 살피고 그에 휘둘리는 것에 불과합니다. 본래의 두루춘풍의 의미와는 달리 단호함이 없고 주뼛주뼛 불안해하죠. 자신의 뜻대로 행동하는 것이 아니다 보니 자신감도 없습니다.

또한 타인에게 미움받지 않기 위해 하는 행위가 반대로 타인의 반감을 사는 원인이 되기까지 합니다. 만일, "쟤, 너무 간 보는 거 같지?"라는 말을 듣기라도 한다면 미움받지 않기 위해 했던 그동안 모든 행동의 의미가 무너지면서 재기할 수 없을 정도의 타격을 입을지도 모릅니다. 그리고 이는 손쉽게 자기혐오의 원인으로 이어지게 됩니다.

그런 말을 직접 듣지 않았다 하더라도 착한 사람 콤플렉스 유형의 사람은 스스로에 대한 평가가 낮은 경향이 있습니다. 두루춘풍으로 이 사람 저 사람에게 휘둘리면서도 그렇게 행동하는 자가 자신을 싫어하게 되는 것입니다.

제3장
자기혐오에서 탈출하기 위한 처방전

LOVE MYSELF 01

① 완벽주의 유형
: 완벽주의 자각하기

이번 장에서는 앞장에서 다뤘던 자기혐오에 빠지기 쉬운 일곱 가지 유형 각각의 특성에 맞춰 자기혐오에서 빠져나올 수 있는 방법들에는 무엇이 있는지 살펴보려고 합니다.

가장 먼저 완벽주의 유형에 대해 살펴보겠습니다. 완벽주의자가 자기혐오에서 벗어나기 위한 가장 효과적인 방법은 '자각'입니다. 자신의 이상이 결코 당연한 기준이 아님을 깨닫기만 하더라도 마음이 한결 가벼워질 수 있습니다.

만약 자기혐오에 빠졌다면 '어쩌면 나는 완벽주의자가

아닐까?'라고 의심해보는 건 어떨까요? 그것만으로도 꽤나 마음가짐이 달라질 것입니다.

또한 자신의 상태를 자각하기 위한 방법으로 다음과 같은 방법들도 효과적입니다.

▶ 주변 사람들과 대화하기

완벽주의로 인한 어려움이나, 실패 경험을 주변 사람에게 솔직하게 털어놓아보세요. "그런 걸 신경 쓰고 있었어? 나도 자주 그래", "그 정도면 잘한 거지" 등의 긍정적인 혹은 가벼운 반응들이 돌아올 것입니다. 이처럼 여러 사람들과 체험을 공유하다 보면 자신이 얼마나 완벽이라는 기준에 얽매여 있었는지 자각하게 될지도 모릅니다.

▶ 직접 글로 써보기

자신에게 '당연한 일'이라 생각되는 결과를 글로 적어보는 것도 좋은 방법입니다. 직접 글로 옮기는 과정에서 자신의 생각을 객관적으로 들여다볼 수 있기 때문입니다. 또한 쓰는 행위 자체가 누군가에게 이야기를 들려주는 것과 같은 효과를 내기도 합니다. 위의 방법처럼 다른 사람에게 직접 말로 하는 것이 어렵다면 이 방법이 큰 도움이 될 것입니다.

▶ 존경할 만한 사람과 교류하기

자신과 가치관이 다른 친구나 지인이 있을 경우, 그런 사람과 교류하다 보면 가치관에 변화가 생길지도 모릅니다. 타인의 영향력은 실제 우리가 생각하는 것보다 큰 경우가 많습니다. 또한 존경하는 사람의 실패 경험담을 들어보는 것도 도움이 됩니다. 내가 존경하는, 빼어난 성과를 거둔 사람이라도 의외로 이런저런 실수를 저지른 적이 있을 것입니다. 이런 이야기를 통해 완벽주의가 성공의 조건이 아니라는 사실을 깨닫게 될 수 있습니다.

TOMY 상담실

Q 저는 자기긍정감이 낮아서 다른 평범한 사람들과 똑같아지려면 다른 사람들보다 훨씬 더 노력해야만 한다는 생각이 자꾸 듭니다. 실수했을 때 '별거 아냐'라고 생각하지 못하는 건 물론, 누군가로부터 "너무 지나친 생각이야"라는 말을 들어도 선뜻 받아들이지 못해요.

A 사연자의 경우, 주변 사람들에게 의견을 구하지 않았는데도 먼저 "지나친 생각이야"라는 말을 자주 듣는 듯합니다. 사람은 본래 좀처럼 나서서 상대방에게 조언을 건네지 않습니다. 아무리 조언해봐야 본인이 원하지 않는다면 의미가 없기 때문입니다. 그러니 대개는 요청받은 뒤에 조언을 해주곤 합니다.

그런 의미에서 보자면 사연자가 어지간히 마음고생이 심하고 울적해 보였나 봅니다. 그래서 먼저 묻지 않았는데도 "지나친 생각이야"라는 조언이 나온 것이 아닐까요? 그렇게 생각한다면 진심에서 우러나온 조언이라 봐도 될 것입니다.

하지만 그런 말을 들었다 해서 사고방식이 그리 쉽게 바뀌지는 않을 것입니다. 이런 경우에는 사고방식을 바꾸는 접근법보다 행동을 바꾸는 방법이 효과적입니다.

대표적인 상담 기법 중 하나로 '인지 행동 요법_CBT, Cognitive Behavioral Therapy_'이 있습니다. 사람은 자신도 모르는 사이에 사고방식이 왜곡되기도 합니다. 그리고 이로 인해 삶이 더욱 고달파지기도 하죠. 예를 들어, 대표적인 인지 왜곡으로 앞서 다뤘던 '당위적 사고'가 있습니다. 걸핏하면 '~해야만 해', '~해야 해'라고 여기는 사고방식이죠.

이 당위적 사고에 사로잡히면 스스로에게 심한 부담을 주게 되고 제대로 일이 풀리지 않았을 경우, 자신에 대한 평가를 깎아내리게 됩니다. 이런 경우에 '~해야 한다'라는 사고방식을 수정해 행동까지 변화시키는 것이 바로 '인지 행동 요법'입니다.

하지만 인지를 수정하기란 쉽지 않습니다. 머릿속에 깊게 새겨진 사고방식을 바꾸는 셈이니 간단한 일이 아니죠. 따라서 생각을 바꾸는 대신 '행동'을 바람직한 방향으로 바꿔 변화를 꾀하는 기법을 적용하는 것이 좋습니다. 이를 '행동 요법'이라고 부릅니다. 이 방법이라면 구체적인 행동만 바꾸면 되니 변화를 일으키기 훨씬 수월합니다.

그러니 사연자의 경우, '내가 생각이 너무 많은 걸까?'라는 고민은 일단 접어두고 '다음에는 어떻게 행동할까?'를 생각한 후 실행에 옮기는 데 집중하기를 추천합니다.

실수를 저질렀을 때 가볍게 넘기는 것이 가장 좋지만 그게 어렵다면 실수를 저지르지 않기 위해 노력하면 됩니다. 행동 요법의 일환으로 다음에 실수를 저지르지 않기 위해 무엇을 바꾸면 좋을지 궁리해보세요. 일종의 게임이라 생각하고 즐겁게 실천해보는 건 어떨까요?

LOVE MYSELF 02

② 다재무능 유형
: 타인에게 도움을 주기

우리는 종종 '다재무능'이라는 말을 쓰곤 합니다. 하지만 가만히 생각해보면 재주가 많은데 무능하다니, 언뜻 앞뒤가 맞지 않는 말 같습니다.

대부분의 사람들은 모든 걸 잘하는 대신 몇 가지 재주만을 갖고 있습니다. 그래서 이를 자신의 특기로 살리려 합니다. 하지만 다재무능한 사람은 일부의 특기만 특출난 것이 아니라 대부분의 일을 두루 잘 해냅니다. 단순하게 생각해보면 이는 유능한 올라운더인 셈입니다.

뭐든 잘하다 보니 오히려 뭘 하면 좋을지 망설이는 경우가 있을지도 모릅니다. 하지만 몇 가지 일만 잘하는 사람보다는 분명 유리한 부분이 있습니다. 그런데도 이들은 왜 자신을 다재무능하다고 깎아내리는 걸까요? 이는 **자기긍정감이 낮아서 자기를 싫어하고 평가 절하 하는 습관이 앞서기 때문입니다.** 그래서 객관적으로 봤을 때 누군가는 부러워할 만한 장점인데도 그것마저 나 자신을 싫어하는 이유로 사용하는 것이죠. 그 결과가 바로 '다재무능'이라는 기묘한 말입니다.

그러한 의미에서 보자면 다재무능 유형은 누구보다 자신을 싫어하는 마음이 강할지도 모릅니다. 따라서 이에 대한 **대책으로 자신을 싫어하는 마음을 조금이라도 누그러뜨리는 것이 우선입니다.**

그러기 위해 필요한 것은 이번에도 역시나 '자각'입니다. 다만 이 경우의 자각은 '나는 내가 싫은 이유를 억지로 만들어서 나중에 갖다 붙이는 게 아닐까?'라는 사실을 깨닫는 것입니다. 이 사실을 깨닫게 된다면 자기혐오는 완화될 수 있습니다. 본래는 나 자신을 싫어할 이유 따윈 없다는 사실을 알게 되기 때문입니다.

또한 자기혐오는 자기 자신이 가치가 없다고 느끼는 데에서 시작됩니다. 있는 그대로의 내가 좋다는 생각은 하지 못한 채, '누군가에게 도움이 되지 못하면 가치가 없다'라고 지레짐작해버리기 때문입니다. 이런 생각을 누그러뜨리기 위해서 다음과 같은 방법을 추천합니다.

▶ 다양한 사람과 만나보기

많은 사람과 만나서 여러 가치관을 접해보면 자기혐오가 완화되는 경우가 있습니다. 특히 자기긍정감이 높아 보이는 사람과 시간을 보내면 좋습니다.

또한 친한 친구나 동료 등 자신이 소중하고 특별하게 생각하는 사람과 자주 만나다 보면 자기혐오는 크게 누그러질 수 있습니다. 그들이 어떤 이유가 있어 내 곁에 머무는 것이 아니라 나를 있는 그대로 받아들이기에 곁에 있다는 걸 깨닫게 되기 때문입니다. 그런 만남을 갖다보면 본질적인 자기혐오로부터 해방될 수 있습니다.

▶ 남에게 도움이 되는 일 하기

다재무능 유형의 사람은 '누군가에게 도움이 되지 않는다면 가치가 없다'라는 믿음을 갖기 쉽습니다. 그렇다면 확실하게 남에게 도움이 되는 일을 시작해보는 것도 좋은 방법입니다. 다만 이 방법은 자신이 계속하고 싶은 일을 무리하지 않고 꾸준히 이어나가는 것이 중요합니다. 자신의 불안감을 줄이겠다는 목적만을 갖고 시작했다간 너무 많은 일을 벌이거나, 금세 지쳐 그만두거나, 혹은 과도하게 몰두해서 일이 어그러질 수 있습니다. 그러면 도리어 자기혐오는 심해지게 됩니다.

TOMY 상담실

Q 저는 한 가지를 깊게 파고들지 못하고 걸핏하면 도중에 그만 둬버리는 습관이 있습니다. 주변에서 '뭐든 잘한다'라는 말을 자주 듣지만 정작 저 스스로는 남에게 자랑할 만한 특기가 없다는 게 고민이에요.

A 먼저 생각해볼 것은 '과연 한 가지를 깊게 파고들 필요가 있는가?'라는 점입니다. 무언가를 깊게 파고들거나 추구하는 것은 '해야만 해'라는 의지만으로 이뤄낼 수 있는 일이 아닙니다. 그 일 자체가 좋아서, 누가 시키지 않았는데도 자연스럽게 끌려야 비로소 가능한 일입니다. 따라서 '해야만 해'라는 생각만으로 해결될 일은 아닙니다.

그런데 사연자의 마음속에는 '한 가지 일을 파고들어야 해'라는 '당위적 사고'가 자리한 것 같습니다. 해야만 한다고 생각하는 일은 할 이유가 없어지면 마음과 손에서 멀어지는 것이 당연합니다. 그래서 깊게 파고들지 못하는 것이죠.

게다가 또 한 가지 문제가 있습니다. '뭔가를 깊게 파고들고 싶다'라는 마음은 결국 '타인축'에 입각한 생각이라는 사실입니다. '누군가로부터 뭔가에 뛰어나다는 평가를 받고 싶다'라는 마음에서 비롯된 생각일 가능성이 큽니다. 하지만 타인의 생각은 내가 어찌할 수 있는 것이 아니기에 이런 생각은 해결이 되지 못한 채 자꾸 마음만 답답하게 만듭니다.

만약 이 마음이 자기축에서 출발했다면 '뭔가를 깊게 파고들고 싶다'가 아니라 '○○을 하고 싶다'라는 생각이 들 것입니다. 그리고 설령 하고 싶은 것이 없더라도 상관없습니다. 자신이 하고 싶은 일이 있다면 하고, 그런 것이 없다면 느긋하게 있으면 그만입니다. 따라서 사연자의 마음이 편해지기 위해 가장 좋은 방법은 '자기축'을 갖는 것입니다.

다만 그건 꽤나 어려운 일입니다. 그것은 곧 '가치관의 변화'를 의미하기 때문입니다. 그러니 이 사연자에게는 앞서 제안한 두 번째 방법을 추천하고자 합니다. 바로 누군가에게 도움이 될 법한 여러 일을 시도해보는 것입니다.

누군가에게 도움이 되고, 또 누군가가 자신을 원한다고

여겨지는 일이라면 아마도 계속해나가기 쉬울 것입니다. 또한 이런 감정 역시 '주변 사람들에게 좋은 평가를 받고 싶다'라는 타인축에 기반하고 있으므로 굳이 가치관을 자기축으로 바꿀 필요도 없어 사고방식을 바꿔야 한다는 부담감을 내려놓을 수 있습니다.

물론 아무리 남에게 도움이 되는 일이라 한들 깊게 파고들 수 있을 법한 일이 그렇게 바로 눈에 띄지는 않을 것입니다. 하지만 이것저것 실천하다 보면 감정을 충족하면서도 흥미를 느끼는 일을 만날 수 있을 것입니다. 그때 비로소 '누군가에게 도움이 되고 싶어서 하는 일'이 '자신이 하고 싶은 일'로 변하게 됩니다. 그리고 어느샌가 자기축에 따라서 하고 싶은 일로 바뀔 것입니다. 이런 일을 이른바 '라이크 워크Like Work'라고 합니다.

누군가에게 도움이 되면서 스스로도 진심을 다해 실천할 수 있을 법한 여러 일을 시도해보세요. 분명 그 과정에서 즐거움을 얻고, 또 그 일이 정말로 하고 싶은 일로 바뀐다면 고민도 어느새 사라져 있을 것입니다.

LOVE MYSELF 03

③ 타인과 비교하는 유형
: 행동과 생각 일치시키기

이 유형은 '타인축'의 성향이 가장 뚜렷하게 나타나는 유형입니다. 지금까지 봐왔듯이 타인축의 요소는 어느 유형에나 포함되어 있지만 이 유형은 그중에서도 가장 두드러진 경향이 있습니다. 따라서 이런 유형은 '자기축으로 사는 삶'을 목표로 삼는 것이 가장 좋습니다.

다만 앞서도 언급했지만 자기축을 갖기란 결코 간단한 일이 아닙니다. 또한 이러한 유형의 사람은 타인축의 성향이 강하므로 더더욱 그렇습니다. 이럴 경우 가장 효과적인 접근법은 '머릿속이 한가한 상태'를 해소하는 것입니다(참고로 제가 만든 조어로 앞에서도 간단히 다뤘습니다).

'머릿속이 한가한 상태'에 대해 되짚어보겠습니다. 간단히 말하자면 이는 자신의 행동과 생각이 일치하지 않는 상태입니다. 예를 들어, 청소를 하면서 청소에 집중하는 것이 아니라 멍하니 다른 생각을 하는 경우가 있습니다. 또 식사하는 중에 눈앞의 음식을 맛보는 데 집중하는 대신 괜히 다른 생각을 하는 경우가 있죠. 이것이 바로 머릿속이 한가한 상태입니다.

머릿속이 한가해지면 사람은 밑도 끝도 없이 부정적인 생각으로 치닫기 마련입니다. 그리고 타인과 비교하는 유형의 사람들은 곧잘 이러한 상태에 놓이고 맙니다. 그리고 이때 자연스레 타인과 자신을 비교하는 생각을 끌어냅니다.

이를 해결하기 위해 먼저 머릿속이 한가한 상태를 해소해야 합니다. 그 방법은 바로 지금 하는 행동과 생각을 일치시키는 것입니다. 지금 청소를 하고 있다면 청소에 집중하는 것입니다. 어디를 어떻게 청소할지, 어디까지 할지,

무엇을 사용해서 청소할지를 상세하게 생각해보는 것이죠. 식사 중이라면 지금 먹고 있는 음식을 찬찬히 음미해보세요. 어떤 맛이 나는지, 어떤 재료가 쓰였는지 맛을 느끼면서 먹는 것입니다.

지금 눈앞의 일에 집중하면 그 외 쓸데없는 생각은 자연히 사라지게 됩니다. 그 결과, 삶은 한층 충실해지고 행복감도 커질 수 있습니다.

만약 눈앞의 일에 집중하기 어렵다면 이는 지금 하는 일에 지쳐 있거나, 싫증이 났거나 둘 중 하나에 해당될 것입니다. 그럴 때는 과감하게 할 일을 바꾸어보는 것도 좋습니다. 이러한 시도를 반복하다 보면 서서히 머릿속이 한가해지는 순간이 줄어들 것입니다. 정신을 차리고 보면 타인과의 불필요한 비교도 줄어들어 있지 않을까요.

그리고 타인과 자신을 비교하며 우울해하기보다는 '어떻게 하면 좀 더 내가 바라는 내 모습과 가까워질 수 있을까?'라고 근본적인 질문으로 생각의 방향을 전환해보세요. 거기서부터 목표를 세우고 행동해봅시다. 이를 반복하다 보면 조금씩 성취감을 얻게 되고 타인 중심에서 자기 중심의 생각으로 전환할 수 있게 됩니다.

TOMY 상담실

Q 재능 있는 친구를 부러워만 하다 보니 '나는 참 성격이 못났구나' 하는 생각이 듭니다. 나름대로 외모나 생활면에서 당장 할 수 있는 노력은 하고 있지만, 자꾸 열등감을 느껴서 우울해집니다.

A 사연자가 항상 동경하는 사람은 '나보다' 재능 있는 사람일 것입니다. 아무리 노력해도 위에는 더 위가 있는 법이니 이대로 가면 열등감은 계속 커질 수밖에 없습니다.

그렇다면 어떻게 해야 좋을까요? 가장 좋은 방법은 비교하는 대상을 바꾸는 것입니다. 바로 '과거의 나'와 비교하는 것이죠.

과거의 나라고 하면 표현이 너무 막연할 테니 예를 들어 보겠습니다. 1개월 전, 3개월 전, 반년 전, 1년 전의 나와 지금의 나를 비교해보면 어떨까요? 가능하다면 노트에 기록해보는 것도 좋습니다. 이른바 '자기 달성 노트'를 만들어보는 것입니다.

자기 달성 노트의 형식은 자유롭게 적을 수 있지만 이를테면 다음과 같은 방법이 있습니다. 1개월에 한 번, 정해진 날짜에 노트를 씁니다. 우선 미래에 자신이 어떤 모습이 되고 싶은지 목표를 적어봅니다. 1개월 후, 3개월 후, 반년 후, 1년 후 등 원하는 대로 시기를 정해서 써보세요.

물론 목표는 여러 개라도 상관없습니다. 가능한 한 구체적으로, 단적으로, 조목조목 나눠서 써보면 좋습니다. 그리고 과거의 목표와 지금의 자신을 비교해보며 얼마나 달성되었는지를 확인하세요. 달성한 부분이 있다면 목록에서 지워나갑니다. 아직 남은 것들은 다음 목표에 채워넣으면 됩니다.

지금 할 수 있는 최선을 다하고 있다면 이 과정을 통해 자신이 생각보다 더 많은 일들을 해낼 수 있게 되었음을 깨닫게 될 것입니다. 만약 잘 풀리지 않는 일이 있더라도 무엇이 어려운지, 보완해야 할 점은 무엇인지가 명확해지지 않을까요? 그리고 이를 달성하기 위해 1개월 뒤, 3개월 뒤,

반년 뒤에는 어떤 모습이 되고 싶은지를 다시 생각하게 될 것입니다.

정리하자면, 타인과 비교하는 경향의 사람은 머릿속이 한가해졌을 때 타인과 비교하는 방향으로만 의식이 쏠려버립니다. 그 결과, 정작 자신이 해야 할 일에는 집중하지 못하게 됩니다. 자기 달성 노트는 그렇게 방황하는 생각을 자신이 해야 할 일로 다시 되돌려주는 효과가 있습니다. 그리고 노트를 쓰다 보면 한 가지 사실을 깨닫게 될 것입니다. 자기 달성 노트에 타인은 등장하지 않는다는 사실을 말입니다.

(LOVE MYSELF 04)

④ 자기검열 하는 유형
: 현재에 집중하기

무심결에 혼자만의 반성회로 자기검열을 하는 사람 역시 '타인과 비교하는 유형'과 마찬가지로 곧잘 머릿속이 한가해지는 경향이 있습니다. 다만 차이점은 타인과의 비교가 아니라 과거에 대한 후회나 반성으로 생각이 치닫기 쉽다는 점입니다.

두 유형 모두 결론이 나지 않는 부정적인 생각에 쉽게 빠진다는 점에서는 비슷합니다. 하지만 자기검열 하는 유형의 사람은 생각이 타인에게로 향하지 않습니다. 자기 자신에게로 향합니다. 그리고 결과적으로 되돌릴 수 없는 과거의 일들에 속상해하게 됩니다.

이 유형이 자기혐오에서 빠져나오기 위한 해결책 중 하나는 앞의 유형과 동일하게 머릿속이 한가한 상태를 차단하는 것입니다. 그러기 위해서는 지금 하고 있는 일에 의식을 집중해야 합니다.

사실 자기검열 하는 사람들 대부분 평소에는 현재에 집중하고 있습니다. 다만 아무것도 할 일이 없어지거나 혼자 남았을 경우, '지금'은 사라져버리고 머릿속이 한가해지는 순간이 찾아옵니다. 그리고 곧바로 혼자만의 반성회가 시작됩니다. 반대로 말하자면 반성회 중에는 머릿속이 한가한 셈입니다. 그러니 혼자만의 반성회가 시작되려 한다면 그 생각에 빠져들지 말고 지금 하는 행동으로 의식을 돌려야 합니다.

예를 들어, 회사 회식을 마치고 귀가하던 길에 머릿속에서 반성회가 시작되었다고 가정하겠습니다. '그때 이상한 말은 하지 않았겠지?', '좀 더 선배의 체면을 세워줬어야 했나?' 이런 생각이 들기 시작했다면 지금 하고 있는 '걷기'

라는 행동에 집중하는 것입니다. 집중이 잘 되지 않는다면 평소 다니던 길에서 벗어나 살짝 멀리 돌아가보거나, 동선을 바꿔보는 것도 좋은 방법입니다. 이로 인해 기분이 전환돼 생각의 흐름이 바뀔 수 있습니다.

아니면 편의점에 들러보는 것도 좋습니다. 필요한 물건을 찾아 편의점을 둘러보거나, 새로나온 제품이 있는지 살펴보면서 부정적인 생각으로부터 빠져나올 수 있습니다. 그리고 그 사이에 머릿속이 한가한 상태가 해소되기 시작합니다. 이처럼 머릿속이 한가해졌을 경우, 지금에 집중하거나 행동을 바꾸어보는 것이 좋은 대처 방법입니다.

또한 이 유형의 사람에게 제안할 다른 대처 방법도 있습니다. 바로 '혼자만의 반성회'를 '미래의 나를 위한 제언회'로 변경하는 것입니다. '다음에는 내가 먼저 말을 꺼내기보다 상대방의 이야기를 들어주는 걸 목표로 삼아보자', '다음 회식 때는 너무 주변 신경만 쓰지 말고 동기들과 친해져보자' 등 이렇게 반성에서 그치지 않고 다음에 실천해야 할 행동으로까지 생각을 확장해보는 것입니다. 과거에 머물지 말고 생각의 흐름을 미래로 이어가야 합니다.

'머릿속을 한가하게 만들지 않기', '반성회에서 제언회로 전환하기' 이 두 가지 방법을 통해 자기혐오로 이어지는 흐름을 끊어낼 수 있습니다.

TOMY 상담실

Q 다른 사람과 이야기를 나눈 후, 제가 했던 말들을 검열하며 후회하는 '혼자만의 반성회'가 너무 힘듭니다. 기본적으로 다른 사람과 이야기를 나누기를 좋아해서 여러 사람과 이야기를 나누고 싶은데 자꾸 스스로를 검열하게 되니 쉽지 않네요.

A 기본적으로 반성회를 열어 자기검열 하는 시간은 머릿속이 한가해졌을 때 이루어지므로 앞서 본문에서 이야기했듯이 그때를 대비해 대책을 세우는 것이 가장 중요합니다. 후회되는 일이 있다면 거기서 끝내지 않고 '다음에는 이렇게 해보자'라고 아이디어를 내보는 것 역시 하나의 대책입니다.

다만 사연자처럼 대화 내용을 검열하는 경우에 더욱 효과적인 관점이 있습니다. 바로 '타인은 내가 무슨 말을 했는지 그렇게까지 열심히 기억하려 하지 않는다'라는 사고방식입니다. 일상적인 대화나 술자리에서의 대화는 내가 예상하는 것보다 거의 기억에 남지 않는 법입니다. 시험 삼아 한번 직접 떠올려보세요. 어제 동료와 무슨 대화를 나눴나요? 일주일 전 회식 자리에서 무슨 이야기를 했나요? 아마 대부분 어떤 대화가 오고 갔는지 잘 기억이 나지 않을 것입니다.

만약 기억하고 있다면 그건 어지간히 중요한 일이었을 것입니다. 엄청난 사실을 알게 됐거나, 노골적으로 공격받은 경우일 수도 있죠. 그 외에 가볍게 웃고 넘길 이야기나, 애매한 감정이 남은 이야기 정도는 대부분 기억이 잘 나지 않습니다. 하물며 사연자처럼 자신의 말과 행동을 하나하나 검열할 만큼 남을 신경 쓰는 사람이라면 타인의 기억에 남을 만한 '문제 발언' 따윈 거의 하지 않았을 것입니다.

그렇다면 이처럼 대부분의 대화 내용이 오래 기억되지 않는 이유는 뭘까요? 그 이유는 대화의 주제보다 의사소통을 한다는 사실 그 자체를 중요하게 생각하기 때문입니다. 정보를 전달하는 것보다 상대방과의 소통을 더 중요하게 여기는 것이죠. 특히 사연자처럼 다른 사람과 이야기하기를 좋아하는 사람에게는 더욱 그렇습니다.

따라서 상대방 역시 분명 '그 사람과 만났었지'라는 기억만을 갖고 있을 것입니다. 그리고 다른 사람과 이야기하기를 좋아하는 사람이니 그 일로 상대방을 불쾌하게 만들었을 가능성은 낮습니다. 함께 시간을 보내서 즐거웠을 것입니다.

그런데도 어째서 사연자는 자꾸만 반성회를 열고 마는 걸까요? 이는 혼자만의 반성회의 구조와 관련이 있습니다.

본래 회의는 다양한 사람의 의견을 듣고 받아들이는 자리입니다. 하지만 혼자서 하는 반성회에는 타인이 존재하지 않습니다. 그렇다 보니 타인의 피드백 없이 자신의 생각만을 되풀이하게 됩니다. 한번 든 부정적인 생각은 되풀이할수록 더욱 부정적으로 왜곡되고 실상은 대수롭지 않은 이야기였는데도 자신이 잘못 말하고 행동했다고 믿게 되는 것이죠. 여기서 핵심은 작은 일을 큰일로 키우지 않는 것입니다. 내가 다른 사람의 모든 말과 행동을 기억할 수 없듯이 다른 사람도 나의 모든 것을 기억하지는 못한다는 사실을 깨닫는 것입니다.

(LOVE MYSELF 05)

⑤ 당위적 사고 유형
: 사고방식과 감정을 글로 써보기

이 유형이 흔히 빠지게 되는 '당위적 사고'는 대표적 상담 기법 중 하나인 '인지 행동 요법'에서 자주 다뤄집니다. 그만큼 '~해야만 해'라고 생각하는 버릇은 사람들에게서 쉽게 찾아볼 수 있으며 스스로를 괴롭히는 주된 원인이 된다는 뜻입니다. 여기서도 인지 행동 요법의 기법을 바탕으로 이러한 사고방식에서 벗어나기 위한 방법을 설명하려고 합니다. 인지 행동 요법에서는 본인을 괴롭히는 '인지의 왜곡'을 깨닫고 이를 더욱 바람직한 방법으로 교정해나가는 기법을 이용합니다.

　우리는 일상적으로 다양한 일들에 대해 생각하고, 판단하고, 행동합니다. 하지만 대부분의 생각은 자신의 머릿속에서 끝나는 경우가 많습니다. 큰 문제라면 다른 사람과 생각을 공유하거나 의견을 나눠보겠지만 그런 일이 일상적으로 일어나지는 않습니다. 그 결과, 자신이 어떤 사고방식을 가지고 있는지 깨닫지 못하고 매사를 판단하게 됩니다. 그리고 이 습관은 교정될 기회도 얻지 못한 채 점점 심화되어갑니다.

　이것이 바로 '인지의 왜곡'입니다. 인지의 왜곡에는 다양한 종류가 있지만 이 경우에는 '~해야만 한다'라고 강박적인 생각에 빠지는 상태를 의미합니다.

　이 유형을 위한 처방으로는 인지 행동 요법 중 하나인 '인지 재구성법'을 응용해보겠습니다. 우선 자신이 스트레스를 느꼈을 때의 상황을 떠올리며 글로 써봅시다. 그리고 그때 자신의 사고방식과 감정을 적어봅시다. 아마도 여기서 '~해야만 한다', '~해야만 해'라는 사고 패턴이 드러날 것입니다.

이렇게 자신의 사고방식을 글로 옮겨보기만 해도 자신이 가진 인지의 왜곡을 자각할 수 있게 되고 그 자체만으로도 마음은 한결 가벼워집니다. 인지의 왜곡이 있다는 걸 객관적으로 인식하는 것만으로도 감정을 편하게 만들어주기 때문입니다.

이어서 그 상황에 대해 혹시 다르게 생각해볼 수는 없었을지 생각해봅시다. 그리고 마음이 좀 더 편해질 만한 사고방식이 있다면 그 방식을 적어보세요. 지금까지의 사고방식에 익숙해진 상태이니 처음에는 어려울지도 모릅니다. 하지만 '만약 내가 남에게 이런 상담을 받았다면 어떻게 대답할까?'라고 입장을 바꿔서 생각해보면 의외로 떠오르는 바가 있을 것입니다.

여유가 있을 때 이 훈련을 여러 번 해보시기를 바랍니다. 이 훈련에 의해 다양한 사고방식을 깨닫게 되고 조금씩 자신의 사고방식 또한 교정해나갈 수 있게 될 것입니다.

TOMY 상담실

Q 저는 항상 '일은 이렇게 해야 해'라는 저만의 기준을 가지고 있습니다. 이를테면 '고객에게 답변은 1시간 이내에 해야 해', '선배의 잡일은 내가 도맡아 해야 해', '상사에게는 '아니오'라고 해서는 안 돼'라는 식이죠. 그 결과, 할 일이 너무 많아져버리고 맙니다. 그리고 그런 제가 싫어져요. 누군가가 "그렇게까지 애쓸 필요 없어"라고 말을 걸어주기도 하지만 어떡하면 좋을지 몰라 결국 똑같은 일을 반복하게 됩니다. 대체 어떻게 해야 좋을까요?

A 이 사연자의 경우도 '인지의 왜곡'이 문제입니다. 따라서 조금 전에 설명했던 '인지 재구성법'을 실천해봅시다. 예를 들어, '상사에게는 '아니오'라고 해서는 안 돼'라는 당위적 사고에 대해 시도해볼까요?

우선 사연자가 스트레스를 느낀 상황을 글로 적어봅시다. 아래와 같이 적어볼 수 있습니다.

- 어려워하는 일에 대해 상사로부터 할 수 있겠냐는 질문을 받고 "하겠습니다"라고 대답해버렸다.

그리고 이때 어떻게 느꼈는지 그 '감정'에 대해 적어보세요. 그러면 이렇게 적을 수 있습니다.

- 평소 어려워하던 일이었고 지금 맡고 있는 일도 많았기 때문에 마음이 불안해졌다.

그 다음에 어떻게 생각했는지 적어보세요.

- 하지만 상사에게 '아니오'라고 말해서는 안 된다고 생각했다.

그러면 내가 이 상황을 어떻게 인지했으며 어떻게 행동했는지 그리고 그것이 어떻게 괴로움으로 이어졌는지가 구체적으로 눈에 들어오게 됩니다.
그렇다면 여기서 다르게 생각해볼 수는 없었는지 생각해 봅시다. 잘 생각이 나지 않는다면 이 상황을 타인으로부터 상담받았을 경우, 어떻게 대답하면 좋을지 떠올려봅시다. 그러면 이렇게 생각할 수도 있지 않을까요?

- '아니오'라고 말하지 않으면 일이 늘어나버리고, 과도한 업무로 인해 그 일을 제대로 해내지 못한다면 도리어 민폐가 된다.
- 뭐든 다 가능한 것은 아니기에 '아니오'라고 전달하는 것도 중요하다.
- '네' 혹은 '아니오' 뿐만이 아니라 '지금 이런 상황인데 어떻게 할까요?'라고 상사에게 상담해보는 것도 좋은 방법이다.

자신의 어려움을 글로 써봄으로써 다양한 사고방식이 생겨나고 그에 따라 '상담해본다'라는 선택지도 떠올릴 수 있게 됩니다. 평상시에 맞닥뜨리는 여러 상황에 대해 이러한 분석을 실시한다면 생각이 유연해질 것입니다.

LOVE MYSELF 06

⑥ 거절을 못하는 유형
: 자신의 상황을 객관적으로 파악하기

이 유형은 앞서도 언급했듯이 '자신의 상황을 정확히 파악하지 못한다', '거절을 잘 못한다', '보·연·상(보고·연락·상담)에 취약하다'라는 특징이 있습니다. 각각의 원인을 바탕으로 이러한 대책을 생각해볼 수 있습니다.

▶ 항상 자신의 업무 파악해두기

자신이 현재 안고 있는 업무를 제대로 파악하고 있지 않으면 자기도 모르는 사이 일이 늘어나버리고 맙니다. 언제든 확인할 수 있게끔 수첩에 꼼꼼하게 'TO DO 리스트'를 작성해두면 좋습니다.

새로운 업무가 늘어났다면 잊지 말고 바로 그 자리에서 추가하도록 합시다. 또한 거절을 못하고 모든 걸 혼자 떠맡는 사람은 자신의 업무량을 과소평가하는 경향이 있습니다. 그 자리에서 확인할 수 있게끔 정리해두었다 해도 '어쩌면 이보다 더 많은 일을 안고 있을지도 몰라'라고 여유를 두고 판단하는 편이 좋습니다.

▶ 일단 대답을 보류하기

이 유형의 사람들은 부탁을 받으면 무의식적으로 수락해버리곤 합니다. '폐를 끼치기 싫다', '거절했을 때 상대방이 어떤 반응을 보일까 불안하다', '자신의 평가가 낮아질까 걱정이다'라는 이유 때문이죠.

그럴 때는 "알겠습니다. 지금 제 상황을 확인하고 오늘 중으로 답변 드리겠습니다"라고 대답하는 것이 한 가지 방법입니다. 이렇게 대답하면 상대방의 부탁에 일단은 대응한 셈이 됩니다. 또한 바쁜 인상을 줄 수도 있습니다. 상대방에게는 '바쁜 가운데 내 부탁을 검토해주고 있다'라는 긍정적인 이미지를 주게 됩니다. 게다가 검토하는 시간도 확보할 수 있으므로 지금 상황에서 일을 더 늘릴 수 있을지를 냉정하게 생각해볼 수 있습니다.

만약 어렵다고 판단된다면 "지금 일이 조금 많아서 당장 대응하기가 어려울 것 같은데 어떡할까요?"라고 '상담'해보세요. 단호하게 거절하지 않았음에도 상대방이 먼저 "그럼 괜찮아요. 그래도 생각해줘서 고마워요"라고 말해줄 가능성도 있습니다.

▶ 보·연·상 의무화하기

보·연·상에 취약한 사람은 대부분 그 타이밍을 놓치기 때문에 실패하는 경우가 많습니다. '말을 걸기 어렵다', '잘 안 됐다는 사실을 전하기가 껄끄럽다', '폐를 끼치기 싫다' 등의 이유에서 말입니다. 하지만 보·연·상을 제때 하지 못한다면 최종적으로는 문제가 커진 뒤에야 비로소 말을 꺼내게 됩니다. 그리고 이는 더욱 큰 민폐로 이어집니다.

이러한 상황을 피하려면 정해진 시간에 보·연·상을 실시해야 합니다. 예를 들어, 별문제가 없더라도 "지금은 순조롭게 진행되고 있습니다"라고 말해보는 것입니다. 또는 자신이 말할 타이밍을 직접 정하는 것도 좋은 방법입니다. "오늘의 상황 보고를 드리겠습니다", "매주 금요일에 상황 보고 메일을 보내겠습니다"라는 식으로 말입니다. 그러면 보·연·상이 즉흥적인 행동이 아닌 정해진 업무로 자리 잡게 되어서 심리적 부담도 한층 줄어들 것입니다. 이로써 문제를 혼자서 다 끌어안는 상황은 점차 개선될 것으로 생각됩니다.

TOMY 상담실

Q 늘 다른 사람을 먼저 챙기다 보니 한계에 도달할 때까지 저 자신을 챙기지 못해 결국 건강을 해치고 말았습니다. 주변 사람들은 '이제는 좀 더 다른 사람을 의지해도 된다'라고 하는데 그게 참 어렵네요.

A 사연자는 부탁을 받으면 거절하는 말이 좀처럼 입 밖으로 나오지 않는 성향인 듯합니다. 또한 주변 사람에게 의지하지 못하는 성격 때문에 한번 맡은 일은 혼자 다 떠맡아버리는 것 같습니다.

타인에게 잘 의지하지 못하는 성격인 사람이 주변 사람에게 도움을 요청하기란 좀처럼 쉽지 않은 일입니다. 따라서 처음부터 일을 너무 많이 떠맡지 않는 것을 목표로 접근하는 것이 가장 좋습니다.

또한 사람들은 각자 유독 마음이 약해지는 포인트가 있

습니다. 예를 들어, 저는 부탁을 받는 경우에는 감당하기 어려울 것 같으면 단호하게 거절할 수 있지만 상대방이 호의로 권유를 할 경우에는 왠지 잘 거절하지 못합니다. 이런 지점이 있다면 앞서 언급한 '일단 대답을 보류하기'라는 방법이 가장 효과적입니다.

하지만 사연자의 경우, 이런 방식은 좀처럼 효과를 보기 어려울 수 있습니다. 왜냐하면 누군가 날 의지하려고 하면 어떻게든 돕고 싶다는 감정이 솟아나기 때문입니다. 감정에 휩쓸린 나머지 자신의 상황은 생각지도 않은 채 무심코 떠맡아버리고 마는 것입니다.

하지만 감정에는 상한선이 있습니다. 감정은 처음 발생한 그 순간이 가장 강렬합니다. 따라서 부탁을 받은 그 순간에는 어떻게든 도움을 주고 싶은 강한 마음이 들기 마련입니다. 하지만 그 뒤로 시간이 지남에 따라 급속도로 감정은 가라앉기 시작합니다. 감정이 가라앉은 후 이성적으로 생각할 수 있게 되면 부탁을 무리하게 수락한 것을 후회하며 걱정하게 되는 것이죠. '일단 대답 보류하기'라는 방법은 순간적으로 격해진 감정을 가라앉힐 시간을 확보해줍니다. 그 후 이성적으로 상황을 판단한 뒤 답을 하면 서로에게 곤란

한 상황을 피할 수 있습니다. 그러므로 대답을 보류해서 지연시키는 방법은 거절을 못하고 혼자 다 떠맡으려는 유형에게 매우 효과적인 방법인 것이죠.

따라서 '모든 부탁은 보류하고 다음날 이후에 대답한다'라는 규칙을 세워두는 편이 좋습니다. 물론 부탁을 받았음에도 그 자리에서 수락하지 않는 데에는 참을성이 필요합니다. 하지만 한번 떠맡은 일을 다시 거절하거나, 다른 누군가에게 부탁하기보다는 훨씬 편합니다.

처음에는 예외를 두지 말아야 합니다. 어떤 부탁이든 전부 보류하세요. 이 방식이 익숙해지기 시작했다면 '내용에 따라서 보류하기'도 가능해질 것입니다.

물론 앞서 다뤘던 '항상 자신의 업무 파악해두기', '보·연·상 의무화하기'라는 방법도 함께 활용하면 좋습니다. 이러한 방법들을 구사해서 조금씩 행동 패턴을 바꿔나가봅시다. 다른 사람을 위해서 건강을 해치는 일은 없어야겠죠.

LOVE MYSELF 07

⑦ 착한 사람 콤플렉스 유형
: 선택의 우선순위 정하기

'모두에게 좋은 사람으로 보이고 싶다'라는 마음에서 두루 춘풍으로 행동하는 사람이 자기혐오에 빠지는 데에는 다음의 두 가지 패턴이 있습니다.

▶ 모두에게 좋은 사람이 되고 싶었지만 잘 풀리지 않았다

이 경우는 자신의 노력에 대한 보답이 따르지 않는 현실을 마주하며 자기혐오에 빠지게 됩니다. 애당초 모두에게 좋은 사람이 되는 것 자체가 불가능한 일이므로 언젠가는 이러한 벽에 부딪칠 수밖에 없습니다.

▶ 두루춘풍으로 행동한 결과, 피로감과 허무함을 느낀다

설령 누구에게도 미움을 사지 않았다 해도 이러한 유형인 사람은 만족감이나 성취감을 잘 느끼지 못합니다. 이는 자신이 하고 싶은 일에 따라 행동한 것이 아니기 때문입니다. 그렇다 보니 무슨 일을 해도 만족감을 얻지 못하고 피로감과 허무함만 느끼게 되며 타인의 눈치를 살피기만 하는 자신이 싫어지는 것입니다.

그렇다면 대처 방법에 대해 알아봅시다. 첫 번째 패턴은 '우선순위'를 정하는 것이 좋습니다. 물론 궁극적으로는 나답게, 내 의지대로 행동하는 것이 가장 바람직한 변화입니다. 하지만 그러려면 '미움을 받더라도 상관없어'라는 마음가짐이 필요합니다. 이러한 인식의 전환은 하루아침에 이루어지지 않기 때문에 먼저 우선순위를 정하는 게 필요합니다. 바로 '소중한 사람'의 우선순위입니다.

자신의 행동이나 선택의 기준을 '미움받고 싶지 않은 사람'이 아니라 '소중한 사람'으로 두는 것입니다. 그래야 한 층 자기축, 다시 말해 자신의 기준에 따라 판단하기 쉬워지기 때문입니다. 그리고 가장 소중하게 대하고 싶은 사람을 소중히 여기기 위한 행동을 스스로 선택하고 실천에 옮기는 것입니다.

두 번째 패턴 역시 자기축을 길러나가는 것이 필요합니다. 자신이 무엇을 하고 싶은지, 어떻게 생각하는지를 먼저 깨닫고 이를 중심으로 자신의 행동을 설계해나가야 합니다.

타인의 눈치를 살피는 타인축에서 비롯된 행동은 성과나 보답이 없는 '노동'으로 여겨집니다. 하지만 자기축에서 비롯된 행동은 '노력'이나 '자기계발'로 이어집니다. 똑같이 어렵고 힘든 일이더라도 그 과정에서 얻는 것은 전혀 다르다는 뜻입니다. 따라서 조금씩이라도 상관없으니 인생을 더욱 풍성하게 만들기 위해 자기축의 삶을 의식해나갑시다.

TOMY 상담실

Q 저는 뭐든 다른 사람에게 맞추는 성격입니다. 제가 꾹 참고 상대방이 하고 싶은 일에 맞춰준다면 상대방은 기뻐하고, 상대방이 기뻐하면 저도 기쁘니 그거면 충분하다고 줄곧 생각해왔지만 최근 그러기가 힘들어졌습니다.

A 사연자는 앞에서 언급한 두 가지 패턴 중 두 번째에 해당합니다. 두루춘풍으로 행동한 결과, 일종의 허무함을 느껴버린 것입니다. 이는 사연자가 자기축이 아닌 타인축으로 살아가고 있기 때문입니다.

상대방에게 맞춰주는 일이 진심에서 우러난 행동이라면 허무한 감정이 들지 않을 것입니다. 하지만 그렇지 않다면 이는 마음 어딘가에서는 그런 행동을 납득하지 못하고 있다는 뜻입니다. 그러나 이제 와서 자신이 하고 싶은 일을 주장하자니 타이밍이 마땅치 않거나, 최악의 경우 미움을 살지도 모른다는 생각이 들어 결국 아무 말도 꺼내지 못하게 되는 것이죠.

이 경우는 조금씩이라도 상관없으니 생각을 자기축으로 바꿔나가는 것이 가장 좋은 방법입니다. 그러려면 우선 자신이 정말로 하고 싶은 일이 무엇인지 알아갈 필요가 있습니다.

'꾹 참고 상대방이 하고 싶은 일에 맞췄다'라고 했는데 무엇을 참았나요? 사실은 어떻게 하고 싶었나요? 우선은 그것부터 다시 생각해봅시다.

자신이 원하는 게 뭔지 이해했다면 다음에 똑같은 기회가 생겼을 때 상대방에게 진심을 전달해보세요. 그 뜻이 받아들여질지는 차치하더라도 "나는 이렇게 하고 싶어", "나는 이렇게 생각해"라고 자신의 뜻을 먼저 표명하는 것이 중요합니다.

자신의 뜻을 표명하면 의외로 상대방은 "그럼 이번에는 그렇게 하자!"라고 말해줄지도 모릅니다. 그러면 그 말을 기꺼이 받아들이세요. 상대방이 기뻐하면 사연자도 기쁘듯이 사연자가 기뻐하면 상대방도 기뻐하지 않을까요? 만약 그렇게 되지 않았다 하더라도 자신의 의견을 표명할 수 있었다면 분명 마음은 한결 후련해질 것입니다. 그리고 자신의 의견을 표현할 수 있게 되었다면 "오늘은 이렇게 해보지 않을래?"라고 먼저 제안해보는 것도 좋습니다.

  참고 넘어갔다 하더라도 못마땅한 감정은 상대방에게 전해지기 마련입니다. 진정한 행복이란 자신과 타인 모두가 쾌적한 상태에서 생겨난다는 걸 잊지 마세요.

제4장

자기혐오를 일으키는
열등감과 마주하는 법

`LOVE MYSELF 01`

자기혐오의 근간에 자리한 '열등감'

지금까지 다양한 자기혐오 유형과 각각의 대처 방안에 대해 살펴보았습니다. 그리고 여기서 꼭 짚고 넘어가야 할 점은 자기혐오가 발생할 때는 반드시 동반되는 감정이 있다는 것입니다. 바로 '열등감'입니다.

열등감은 스스로를 남들보다 뒤떨어졌다고 여기는 감정입니다. 다양한 상황에서 자신의 기대에 부응하지 못하는 스스로에게 열등감을 느끼며 자기혐오에 빠지게 됩니다.

자기혐오의 마지막 단계에서 힘을 실어주는 감정이 바

로 이 열등감입니다. 열등감이 없으면 제대로 일이 풀리지 않은 상황에서도 "이런, 실수해버렸네", "다음에는 어떻게 하면 좋을까?" 하고 가볍게 넘길 수 있기에 자기혐오에 빠지지는 않습니다. 즉, 열등감만 해결할 수 있다면 자기혐오 때문에 고통받을 일도 줄어들게 된다는 뜻입니다.

다만 열등감이라는 감정에는 골치 아픈 특징이 있습니다. 바로 '열등감은 근거가 없더라도 생겨난다'라는 점입니다. 열등감을 품고 있는 사람에게 "그런 건 아무도 못 하는 일이야", "오히려 너는 다른 사람보다 더 잘하고 있어"라고 합리적 근거를 제시하며 아무리 설득하려고 해도 좀처럼 납득하지 못하고 열등감은 사그라지지 않습니다.

열등감을 없애기 어려운 이유는 이것이 단순한 감정이 아니라 지금까지 살아온 성장 환경이나 사고방식, 성격 등이 복잡하게 얽혀서 본인의 인격 깊숙이 뿌리내린 정서이기 때문입니다. 그만큼 무척이나 단단하고 고집스러운 감정인 셈입니다.

정신질환 증상 중 하나로 '망상'이라는 증상이 있습니다. 망상에는 다음과 같은 특징이 있습니다. '내용이 비현실적

이어서 사실과는 다름에도 불구하고 본인은 확신을 갖는다', '아무리 근거를 제시해 정정해주려 해도 받아들이지 못한다'입니다. 앞서 말한 열등감의 특징과 비슷하지 않나요? 열등감 역시 좀처럼 정정해주기 어렵다는 점에서는 때때로 망상과 유사한 부분이 있습니다.

  다만 망상과 열등감 사이에는 몇 가지 차이점도 있습니다. 가장 중요한 차이점은 열등감은 스스로 자각할 수 있으며 노력을 통해 조금씩 바꿔나갈 수 있다는 점입니다. 이는 곧 가치관을 변화시키는 일이니 단기간에 쉽게 해결할 수는 없지만 조금씩 열등감을 없애나가기란 충분히 가능합니다.

LOVE MYSELF 02

열등감은
왜 생겨나는가?

그렇다면 이 열등감은 대체 어디에서 비롯되는 걸까요? 앞서 열등감은 '성장 환경이나 사고방식, 성격 등이 복잡하게 얽혀서 본인의 인격 깊숙이 뿌리내린 정서'라고 언급했는데 이번에는 이를 조금 더 구체적으로 들여다보려 합니다.

얼마 전까지 제가 푹 빠져서 보던 드라마가 있었습니다. 그 드라마의 줄거리는 언니의 불행을 바라는 여동생이 집요하게 언니에게 해코지를 한다는 내용이었습니다. 믿기지 않을 정도로 악의적인 짓을 일삼는 여동생이지만 언니는 오히려 그런 여동생을 잘 챙겨주는 자상한 사람이었습니다. 그래서 언니는 이 해코지가 여동생의 소행이란 사실을 처음에는 눈치채지 못했습니다.

그렇다면 여동생은 어째서 이런 행동을 저지르게 된 걸까요? 그건 여동생이 항상 언니와 비교당하며 자랐기 때문입니다. 상냥하며 우수한 언니는 항상 칭찬을 받는 아이였습니다. 그런 언니와 비교당하며 여동생은 열등감을 품기 시작했고 어느새 자상한 언니에게 깊은 증오를 품게 되었던 것입니다.

하지만 여동생에게도 결코 장점이 없었던 건 아닙니다. 언니에 비해 사교적이어서 친구도 많았기에 사실 열등감을 품을 이유 따윈 없었습니다. 저는 이 드라마가 열등감의 정체를 잘 표현한다고 생각했습니다. 열등감에 객관적인 이유 따윈 존재하지 않습니다. 타인의 시선에서는 모든 걸 갖춘 것 같은 사람이어도 정작 열등감을 가진 본인은 스스로를 결핍된 존재로 느낍니다.

표현을 달리하자면 열등감은 자신의 내면에 생겨난 '크

고 깊은 구멍'과도 같습니다. 열등감이라는 이 구멍을 메우지 않는 한 무슨 짓을 하든, 무엇을 성취하든 허무함은 계속해서 이어지게 됩니다.

그리고 이 구멍은 드라마 속 여동생처럼 유년기부터 조금씩 커져나갑니다. 그 원인은 있는 그대로의 자신을 받아들이는 감각이 결여되어 있기 때문입니다.

본래 아이들은 유년기, 특히 생후 6개월부터 만 2세까지 보호자와의 관계에서 애착 형성을 하게 됩니다. 하지만 어떠한 이유로 애착이 제대로 형성되지 않으면 사회 적응에 문제가 생깁니다. 이러한 이론을 '애착이론Attachment Theory'이라고 부릅니다.

이 시기에 형성되는 애착에서 가장 중요한 요소는 자신을 있는 그대로 받아들이는 감각입니다. 이야말로 진정한 '사랑'이라고까지 생각합니다. 예를 들어, 부모나 보호자가 꼭 끌어안아주며 '사랑한다'라고 말해주는 일상의 대화 같이 감정을 나누는 과정을 통해 사람은 애정을 배우게 됩니다. 이는 자신이 있는 그대로 받아들여지고 있다, 사랑받고 있다는 감각을 형성합니다.

하지만 때때로 이 과정이 제대로 이루어지지 않는 경우도 있습니다. 부모가 다양한 이유로 바빠서 자녀와 접하는 시간이 적었거나, 혹은 가정 내에 문제가 벌어져서 보호자와 거리가 생겼거나, 학대 혹은 학대까지는 아니더라도 보호자가 종종 이유 없이 분노를 표출하는 탓에 자녀가 보호자의 눈치를 살피며 자랐을 경우 등 애착을 형성할 수 있는 환경이 제대로 조성되지 않는 경우도 많습니다.

심지어 겉으로는 아무런 문제가 없어 보이는 안정적인 가정 환경이었다 하더라도 이 과정이 제대로 이뤄지지 않았을 가능성도 있습니다. 앞서 언급했던 드라마처럼 형제만 편애를 받아 열등감이 생긴 경우가 있습니다. 부모에게 그럴 의도는 없었다 해도 "언니처럼 조금만 더 힘내자", "형이니까 참아야지"와 같은 언동에 의해 자녀가 제대로 된 애정을 받지 못하는 경우입니다.

또한 좋은 성적을 거두면 칭찬을 받지만 나쁜 성적을 받으면 냉대를 당하는 경험이 반복되면서 자녀가 '뭔가 좋은 일을 하지 않으면 나는 사랑받지 못하고 가치가 없다'라고 생각하게 되는 경우도 있습니다. 이 경우는 보호자의 대응이나 가정 내의 환경이 원인으로 작용하기도 하지만 자녀와의 소통이 단절됨에 따른 오해에서 생겨나기도 합니다.

결과적으로 이러한 양육 환경으로 인해 '있는 그대로의 내가 좋다'라는 감각을 얻지 못한 채 성인이 된 사람은 열등감을 품게 될 가능성이 높습니다. 그리고 이 열등감은 좀처럼 개선되지 않습니다.

아무리 노력하고 큰 성과를 내더라도 더 높은 목표를 달성해내는 사람은 항상 존재하기 마련입니다. 그리고 자신에게는 없는 것을 가진 사람도 수없이 많습니다. 자신에게 모자란 부분만을 보다 보면 열등감은 더욱 깊어지게 됩니다. 그 결과, 때로는 망상으로까지 이어지게 됩니다.

(LOVE MYSELF 03)

세상에 열등감이 없는 사람은 없다

앞서 열등감이란 '있는 그대로의 내가 좋다'라는 감각의 결여에서 생겨난다고 언급했습니다. 하지만 열등감이 전혀 없는 사람은 존재하지 않습니다. 많건 적건 누구나 '지금 이 상태로 괜찮을까?'라는 의문을 품고 있습니다. 즉, 열등감이란 '있느냐 없느냐'의 문제가 아니라 '얼마나 강한가'의 문제라고 표현하는 편이 더 정확합니다.

그리고 열등감의 강도도 항상 일정하지 않으며 상황에 따라 변화하는 법입니다. 심신이 지쳐 있거나, 부정적인 사건을 겪으면 더 강해지고 그와 반대의 상황이 펼쳐지면 약해지기도 합니다.

그리고 열등감이 강해져서 자기혐오에 빠질 때는 자신이 생각하는 이상적인 사람은 분명 열등감 따윈 품고 있지 않을 거라고 생각하기 쉽습니다. 하지만 이는 착각입니다. 내가 이상적이라고 생각하는 그 사람도 열등감을 가지고 있을 것입니다.

어떤 의미에서 보자면 열등감이란 사람이라면 누구나 가지고 있는 본질적인 감정입니다. 다만 열등감이 너무 강하면 그 감정에 휘둘려서 삶이 괴로워지고 맙니다. 따라서 자기혐오를 약화시키기 위해 가장 좋은 자세는 '열등감이란 누구에게나 있는 감각이지만 가능하다면 약하게 만들자'라는 태도를 갖는 것입니다.

LOVE MYSELF 04

열등감은 결코 결점이 아니다

여기서 한 가지 짚고 넘어가야 할 것이 있습니다. 바로 열등감은 결점이 아니라는 사실입니다. 열등감이란 어디까지나 스스로 그렇게 느끼는 감정일 뿐입니다. 내가 민감하게 여기는 부분이 정말로 결점인지 곰곰이 따져보면 그렇지 않은 경우가 훨씬 많습니다.

예를 들어, 누군가 '나는 일을 못해'라는 열등감을 품고 있었다고 가정해봅시다. 이 경우, 그 사람은 일을 잘하는 뛰어난 직장 동료만 바라보고 있을 것입니다. 자신보다 결단력이 있는 상사, 영업 성적이 좋은 동료, 자신의 젊은 시절보다 일을 척척 잘 해내는 부하 등 이처럼 자신보다 우수해 보이는 사람만을 비교 대상으로 삼다 보면 당연히 자신은 뒤떨어진 존재처럼 느껴질 수밖에 없습니다.

하지만 실제로 그는 아마 일을 잘 처리하는 편일지도 모릅니다. 적어도 업무에 성실하게 임하고 있지 않을까요? 그리고 일을 더 잘 해내고 싶은 욕심에 자신을 지속적으로 점검하면서 다른 사람과 비교하고 반성할 부분을 찾아내는 걸지도 모릅니다. 정말로 일을 못하는 사람은 자신이 일을 잘하지 못한다는 자각조차 없습니다.

저는 한때 개인 병원을 운영했던 적이 있습니다. 경영자였으니 당연히 직원 면담도 했습니다. 개중에는 "일을 잘 못해서 부끄러워요"라고 말하는 직원도 있었지만 그들이 정말로 일을 못했던 건 아닙니다. 오히려 무척이나 우수했습니다.

즉, **열등감이란 결코 결점이 아니라는 뜻입니다**. 오히려 부족한 점을 자각하고 있는 만큼 실제로는 성실하게 맡은 일을 잘 해나가고 있는 경우가 더 많습니다.

LOVE MYSELF 05

열등감과 능숙하게 마주하는 여섯 가지 방법

방법1 '할 수 있는 일'로 눈길을 돌려보자

열등감을 강하게 느끼고 있을 때, 사람의 의식은 자연스럽게 '할 수 없는 일'로 집중되기 마련입니다. 머릿속이 '나는 못해', '그건 내 능력으로는 할 수 없어'라는 생각으로 가득 차버리는 것입니다. 머릿속에서 이런 생각들을 쫓아내면 마음은 한결 가벼워질 것입니다.

그렇다면 머릿속에서 이런 생각들을 쫓아낼 방법에 대해 생각해봅시다. 애당초 우리의 머릿속은 어떻게 이런저런 생각들로 가득해지는 걸까요?

사람은 늘 뭔가를 생각하며 살아갑니다. 열등감을 느끼는 계기는 뭔가를 '떠올리는' 것에서 시작합니다. 예를 들면 이런 식입니다. '아, 이 일이 아직까지 남아 있네. 오늘 끝내야 하는데. 왜 나는 언제나 일을 빠르게 처리하지 못하는 걸까?' 일단 이런 생각이 머리를 스치면 그 순간부터 부정적인 생각이 머릿속을 빙빙 맴돌기 시작합니다.

'나는 정말로 일을 못해. 같은 업무를 ○○ 씨도 했을 텐데 일찌감치 끝냈잖아. 분명 보너스도 ○○ 씨가 더 많이 받겠지? 그럴만 해. 분하기도 하고, 나 자신이 부끄럽기도 하고….'

한 번 이런 흐름에 빠지면 '나는 일을 못해'라는 생각이 계속해서 한여름의 적란운처럼 피어오르게 됩니다.

그럼 이런 상태에서는 끊임없이 부정적인 생각만 하게 될까요? 그렇지는 않습니다. 부정적인 생각을 하게 된 계기가 특별하지 않았던 것처럼 '그러고 보니 오늘 저녁은 뭘 먹을까?' 같은 대수롭지 않은 생각으로 이런 부정적인 상태를 끊어낼 수 있습니다.

그렇습니다. 머릿속의 생각을 끝내는 것은 바로 '또 다른 생각'입니다. 사람은 두 가지 생각을 동시에 하지 못합니다. 뭔가 다른 것을 떠올리는 순간, 이전의 생각은 잠시 자리를 내줄 수밖에 없습니다.

열등감으로 머릿속이 가득해졌을 때 역시 이 방법을 적용할 수 있습니다. 자신이 할 수 없는 일이 아닌 할 수 있는 일로 눈길을 돌리는 것입니다. 이는 곧 자신의 장점으로 눈길을 돌리는 일입니다.

예를 들어, 상사처럼 업무 발표를 잘하지 못하더라도 자료 준비는 잘한다거나, 조사 능력은 높은 편이라는 식으로 생각하는 것입니다. 열등감이 솟아나기 시작하거든 자신의 장점을 확인하고 이를 늘려가는 식으로 생각을 전환해보세요. 그러면 자연스럽게 열등감에 휘둘리던 자신에게서 벗어날 수 있습니다. 꼭 열등감을 없애려 애쓸 필요는 없습니다. 그보다는 열등감을 굳이 의식하지 않는다는 마음가짐이 더 중요합니다.

방법 2 이상이 너무 높지는 않은지 생각해보자

열등감이 심한 사람은 이상을 너무 높게 설정하고 있는 경우가 많습니다. 예를 들어, 일을 척척 잘 해내는 사람을 보고 열등감을 느꼈다고 가정해봅시다. 그 사람의 업무 능력은 정말로 모두가 해낼 수 있는 일반적인 수준일까요? 평범한 사람은 따라 할 수 없는 수준이 아닐까요? 이렇게 생각해보는 것이 중요합니다. 왜냐하면 열등감이 강한 사람이 생각하는 수준의 '보통'은 결코 보통이 아닌 경우가 많기 때문입니다. 열등감을 그대로 방치하는 것이 아니라 '이 정도는 할 수 있어야지'라고 생각하는 자신의 이상이 과연 현실적인지 아닌지 냉정하게 따져볼 필요가 있습니다.

또한 그런 다음에는 이상을 변화시켜봅시다. 이상보다는 '다음에 이루고 싶은 목표' 정도로 설정하는 편이 딱 좋습니다. '지금은 일주일에 한 건 계약을 따내면 괜찮은 정도니까 다음 달에는 일주일에 두 건 계약을 목표로 삼자'와 같이 달성 가능한 수준으로 목표를 조율하는 것이 가장 현실적이며 건강한 접근법입니다. 실제로 이상적이라고 여기는 그 사람도 처음부터 그 자리에 있지는 않았습니다. 하나하나 자신이 할 수 있는 일을 늘려나가며 지금에 이르렀을 것입니다. 누구나 멀리 떨어진 목표에는 손이 한 번에 닿지 않습니다. 조금씩 손을 뻗어 다가갈 수밖에 없습니다.

방법 3 부정적인 생각의 고리에 빠졌다면 휴식을 취하자

열등감이 머릿속에 맴도는 상황은 지금까지도 여러 번 설명했듯이 '머릿속이 한가할 때' 발생합니다. 이를 해소하기 위해 지금 하는 일에 집중하거나 다른 일에 몰두해보면 도움이 됩니다.

그리고 휴식을 취하는 것 역시 하나의 방법입니다. 부정적인 생각이 꼬리를 물고 이어질 때는 대부분 몸이 지쳐 있거나 컨디션이 좋지 않을 때입니다. 몸과 마음이 건강한 상태라면 그런 부정적인 생각은 그다지 떠오르지 않을 것입니다.

이를테면 푹 자고 기분 좋게 일어났을 때, 느닷없이 열등감에 사로잡히는 경우가 있나요? 아마 없을 것입니다. 그보다는 '오늘은 뭘 할까?'라는 생각이 먼저 떠오르지 않을까요?

사람은 지금 자신의 몸 상태와 관련된 생각을 하는 경향이 있습니다. 따라서 열등감 자체를 어떻게 하기보다는 자신의 상태를 정돈하는 것이 더 중요한 방법일 수 있습니다. 그저 푹 쉬거나, 편안한 시간을 보내는 것 역시 충분히 효과적인 방법입니다. 곧바로 잠자리에 드는 것도 좋지 않을까요.

방법 4 '못하면 어때'라는 마음가짐을 갖자

'자신의 열등감을 긍정해보기'라는 접근법도 때로는 유익한 방법일 수 있습니다. 모든 사람에게는 가능한 일과 불가능한 일이 있기 마련입니다. 불가능한 일에만 초점을 맞추는 한 결국은 열등감에 사로잡힐 수밖에 없습니다. 이는 반대로 말하자면 누구나 열등감을 품을 수 있다는 뜻이기도 합니다.

'저 사람에 비하면 나는 구제불능이야'라고 생각했다고 가정하겠습니다. 그렇다면 '저 사람'에게는 단점이 없을까요? 저 사람에게도 약점이나 못하는 일은 분명 있습니다. 다시 말해, 어쩌면 이상적이라고 생각하는 저 사람도 열등감을 품고 있을지도 모른다는 뜻입니다.

내가 모든 일을 다 해낼 수 있는 것이 아니라면 '지금의 나는 이걸 잘 못하는구나' 하고 있는 그대로 담담하게 받아들이는 것도 좋은 방법입니다. 단순히 못하기 때문에 잘하고 싶은 마음이 든다는 걸 인정하는 것입니다. 다시 말해, 이는 달성하고 싶은 목표일 뿐입니다. 단지 목표일 뿐인데 여기에 쓸데없는 감정을 얹어버리기 때문에 괴로움을 겪는 것입니다.

당연하게도 누구에게나 자신이 해낼 수 없는 불가능한 일은 존재합니다. 열등감에서 벗어나기 위해 우리에게 필요한 것은 이 사실을 인정하는 것입니다. 할 수 없는 일을 자연스럽게 '다음의 목표'로 삼아서 한 걸음씩 나아가보세요. 그러면 사고가 한결 긍정적으로 변할 수 있을 것입니다.

방법 5 일부러 열등감을 드러내보자

열등감을 품은 사람 대부분은 자신의 열등감을 다른 사람에게 좀처럼 털어놓으려 하지 않습니다. 자신이 신경 쓰는 것은 어디까지나 자신만의 문제이며, 때로는 부끄러운 일이라고까지 생각하기 때문입니다. 남에게 들려줄 만한 이야기가 아니라는 생각에 감추고 혼자서 견뎌내려 합니다.

하지만 이렇게 감추는 태도가 오히려 열등감을 한층 심화시킬지도 모릅니다. **누구에게도 말하지 못한다는 것은 결국 누구의 의견도 듣지 못한다는 뜻이기 때문입니다.**

또한 지금까지 언급해왔듯이 대체로 열등감이란 근거가 부족한 감정입니다. 실제로는 그다지 부족하거나 못하지 않는데도 불구하고 그렇게 느끼지 못하는 것, 그것이 바로 열등감입니다.

누구의 의견도 듣지 않는다면 이 열등감을 바로잡을 기회는 없습니다. 오히려 한층 심각해질 것입니다. 그리고 심각해질수록 더더욱 '아무에게도 말할 수 없는' 상태가 되어 열등감은 한층 더 깊게 뿌리를 내리게 됩니다. 완전히 악순환에 빠지고 맙니다.

여기서 빠져나오기 위한 좋은 방법은 과감하게 열등감을 드러내 보이는 것입니다. "난 이런 콤플렉스가 있어"라고 직접 솔직하게 입 밖으로 꺼내보세요. 그러면 대개는 "별로 그렇지 않은데?"라는 단순한 반응이 돌아올 것입니다. 열등감에 시달리던 사람은 처음엔 그런 반응을 쉽게 받아들이지 못할지도 모릅니다. '나를 상처 주지 않으려고 빈말을 하는 것 뿐'이라고 생각하기 때문입니다. 하지만 거듭 그런 반응이 돌아온다면 '내 생각이 과했던 건 아닐까?' 하는 생각이 들게 될 것입니다. 여러 사람에게 말해봤는데도 같은 반응이 돌아온다면 더더욱 안심이 되지 않을까요? 이런 일이 거듭되면 마음속 불안은 조금씩 가벼워지게 됩니다.

처음부터 무리할 필요는 없습니다. 편하게 말할 수 있는 사람에게 슬쩍 이야기해보는 정도면 충분합니다. 익숙해지거든 편하게 말을 꺼내봅시다. 그러다 보면 정말로 별문제 아닌 것처럼 느껴지게 될 것입니다.

방법 6 '현재'로 관점을 전환하자

열등감이란 과거에 자신이 해내지 못했던 일에 대한 기억에서 비롯된 감정이기도 합니다. 따라서 열등감에 시달리는 사람은 생각의 관점이 과거에 머물러 있는 것과 같습니다.

사람은 어떤 일을 생각할 때면 '과거', '현재', '미래' 등 각자 눈길을 돌리기 쉬운 시간대가 존재합니다. 그리고 어느 시간대에 초점을 맞추느냐에 따라 스트레스를 받는 정도가 달라집니다. 지금까지 언급해왔듯이 **가장 스트레스를 적게 받으며 일상을 충실하게 살아가는 사람은 '현재'에 초점을 둔 사람입니다.**

현재는 스스로 납득하게끔 행동한다면 얼마든지 제어할 수 있는 시간이기 때문입니다. 또한 '생각의 초점'을 지금 이 순간에 둔다면 '아무것도 할 수 없다'라는 무력감에 사로잡힐 일도 없습니다. 지금 할 수 있는 일을 해내면 되기 때문입니다. 따라서 열등감이 강한 사람일수록 생각의 초점을 '현재'에 두는 연습을 추천합니다.

열등감이 있다면 이를 덜어내기 위해 지금 무엇을 할 수 있을지를 생각하고 행동해보세요. 가령 손재주가 없다는 열등감이 있다면 내 특기를 살릴 수 있는 환경은 무엇인지 생각해보거나, 재주가 없어도 제대로 해낼 수 있는 방법이 뭔지 생각해보거나, 뜻대로 잘 되지 않는 일이 있다면 더욱 연습하는 등 해야 할 일과 하고 싶은 일이 정리될 것입니다. 그러면 열등감은 '현재의 목표'로 변모하게 됩니다. 그리고 목표가 쌓이면 이는 '꿈'이 됩니다. 미래 역시 '지금'의 삶과 연결하여 바라본다면 더 긍정적으로 생각할 수 있는 것입니다.

LOVE MYSELF 06

자기혐오를 떨쳐내면
비로소 보이는 것

지금까지 자기혐오의 원인과 그 대처 방법에 대해 다양한 각도에서 살펴보았습니다. 만약 자기혐오를 떨쳐내게 된다면 그 너머에는 어떤 삶이 기다리고 있을까요?

이 질문에 답하기 위해 조금은 자화자찬 같지만 제 이야기를 들려드리고자 합니다. 저는 원래 자기혐오에 잘 빠지는 성격은 아닙니다. 물론 젊은 시절에는 자기혐오에 빠진 적도 있었지만 최근에는 거의 느껴본 적이 없습니다.

참고로 젊은 시절에 자기혐오에 빠진 원인은 주로 외모

때문이었습니다. 대학생이 되기까지 입시 위주의 생활을 해왔던 탓에 저는 다소 체격이 통통한 편이었습니다. 또한 운동신경도 영 좋지 않다 보니 운동에도 흥미가 없어서 내향적이며 칙칙한 분위기를 띠고 있었습니다. 게다가 지독한 근시여서 도수가 높은 뿔테 안경을 끼고 있었습니다.

그래서 저는 친구가 많고, 운동도 잘하고, 세련되며 발랄한 '청년다운 청년'을 동경하고 있었습니다. 동경과 동시에 그와는 정반대인 스스로에게 자기혐오도 느끼고 있었습니다.

물론 그 무렵의 제게 좋은 점이 없지는 않았습니다. 통통하긴 했지만 키가 커서 체격은 처음 보면 놀랄 정도로 좋은 편이었습니다. 성적도 좋았고 평화주의적인 성격이어서 곧잘 '상냥하다'라는 말을 듣곤 했습니다. 하지만 그런 장점들이 저 자신의 자기혐오를 상쇄해주지는 못했습니다. 그런 점들이 대단한 무기라 느껴지지 않았기에 자기혐오를 메우는 데에는 도움이 되지 않았던 것입니다.

그러던 제가 변하기 시작한 것은 대학교에 들어간 다음부터였습니다. 수업 일정상 한가한 시기가 있었는데 시간이라도 때울 겸 아침과 밤에 산책을 시작한 것이 계기였습니다. 그전까지 운동다운 운동은 해본 적이 없었기에 1개월 사이에 6킬로그램이나 살이 빠졌습니다. 여기에 재미가 들려서 운동을 산책에서 조깅으로 바꾸자 최종적으로는 15킬로그램이나 감량하는 데 성공했습니다.

통통했던 제 몸은 완전히 날씬해졌고 얼굴 크기도 절반 정도로 줄어든 느낌이었습니다. 얼굴도 날렵해져서 분위기가 제법 달라졌습니다.

다만 조깅은 그다지 재미가 없었기에 적정 체중이 되자 그만뒀습니다. 그 대신 요요현상을 막기 위해 근력 운동을 시작하기로 했습니다. 체육관을 다녀보니 예상 외로 꽤 재미를 느끼면서 근력 운동에 완전히 푹 빠졌습니다. 운동 효과도 금방 나타났기 때문에 노력하는 보람도 있었습니다.

또한 스튜디오 레슨에도 참가해봤는데 이게 또 무척 재미있었습니다. 에어로빅이나 힙합 등 다채로운 댄스를 배울 수 있는 데다 요요현상 예방에도 도움이 되었죠. 같이 체육관을 다니는 친구도 생겼습니다.

그리고 몸매가 날씬해지기 시작하면서 저는 지금까지

열등감을 안고 있었던 패션에도 관심이 생겼습니다. 처음에는 요령을 몰라서 지나치게 튀는 옷을 입기도 했지만 점차 나에게 맞는 스타일이 무엇인지 알게 되었습니다. 또한 안경도 벗어버리고 콘택트렌즈로 바꿨습니다. 이쯤 되자 이미 처음의 외모 열등감 따윈 어느새 자취를 감췄습니다.

처음에는 외모 콤플렉스를 해결하자는 생각으로 운동을 시작했지만 중간부터는 순수한 취미로 변해 있었습니다. 그러자 '다음에는 새로운 걸 해보자'라는 생각이 계속해서 솟아나기 시작했고 다른 운동에도 도전해보고 싶어졌습니다.

지금의 저는 열등감에서 해방되어 '내가 하고 싶은 일을 내가 하고 싶은 때 한다'라는 삶의 방식을 갖추게 되었습니다. 생활 환경 역시 나만의 삶의 태도와 흐름에 맞춰 꾸려가게 되었고 누군가와 비교하는 경우가 사라졌습니다.

열등감이란 결국 '자신에게 값을 매기는 것'이라고도 볼 수 있습니다. 같은 가치관의 연장선상에 자신과 다른 누군가를 세워두고 우열을 따지는 습관이 만들어내는 감정입니다.

하지만 열등감에서 해방되면 더 이상 스스로에게 값을 매기지 않게 됩니다. 이제는 어느 누구도 같은 가치관 위에 존재하지 않는다는 사실을 실감하게 되기 때문입니다. 사람은 누구나 대체 불가능한 유일무이한 존재입니다. 따라서 비교 자체에 의미가 없는 것입니다.

이러한 마음가짐을 갖게 되면 억눌린 감정도 사라지게 되고 인생이 한결 가볍고 편안해집니다. 자기혐오가 사라지면서 비로소 자신의 본래 인생으로 되돌아오게 되는 것입니다.

Love Myself

제5장

자기혐오와 열등감을
극복하기 위한 실천 과제

(LOVE MYSELF 01)

자기혐오와 열등감의 원인을
목표로 전환하기

지금까지 우리를 괴롭히는 자기혐오와 열등감에 대해 다양한 각도에서 분석해보았습니다. 이러한 사실들을 바탕으로 자기혐오를 떨쳐내기 위한 구체적인 방법에 대해 살펴보려 합니다. 이해하기 쉽게 과제 형식으로 구성해보았습니다. 앞으로 알려드릴 과제들을 하나하나 일상에 적용해보면서 열등감과 자기혐오에서 벗어나기 위한 노력을 시작해보세요. 분명 삶에 변화가 시작될 것입니다.

과제1 '자기혐오'에 대해 구체적으로 써보기

저는 글로 쓰는 행위가 어떤 마음 상태를 극복하기 위한 가장 기본적인 과제라고 생각합니다. **고민이 좀처럼 해결되지 않는 이유는 그것이 명확히 언어화되어 있지 않기 때문입니다.** 언어화되지 않으면 무엇을 고민하고 있는지조차 분명히 알 수 없습니다. 당연히 해결할 방법도 떠오르지 않으며 막연하고 답답한 감정만 이어지게 됩니다.

또한 고민이 언어로 정리되지 않으면 그것의 실체나 윤곽이 명확히 떠오르지 않습니다. 정체가 확실하지 않으면 불안감만 한층 높아지게 됩니다. 마치 안개 속을 걷듯이 말이죠.

자기혐오 역시 마찬가지입니다. **자신이 언제, 어떤 상황에서, 무엇에 대해 자기혐오를 느끼는지 가능한 한 구체적으로 써볼 필요가 있습니다.**

또한 글로 쓰는 것에 익숙해지면 생활 속 다양한 고민과 감정들을 자연스럽게 언어화할 수 있게 됩니다. 그러면 자기혐오 이외의 온갖 고민거리에 대해서도 실마리를 찾기가 쉬워집니다.

이때는 '5W1H'를 의식해서 작성하면 좋습니다. 5W1H란 다음의 여섯 가지 영어 단어로 구성됩니다.

- When(언제)
- Where(어디에서)
- Who(누가)
- What(무엇을)
- Why(어째서)
- How(어떻게)

이 틀을 이용해 자신이 자기혐오에 빠지는 상황을 분석해봅시다. 예를 들어, 친구의 SNS를 살펴보다 문득 자기혐오에 빠졌다고 가정하겠습니다. 이 상황을 5WH1에 따라 정리해보면 아래와 같습니다.

▶ When

친구의 SNS를 보았을 때

▶ Where

온라인상에서

▶ Who

친구에 대해

▶ What

멋진 삶이 담긴 게시물

▶ Why

나는 도저히 저런 삶을 살 수 없을 것 같아서

▶ How

부럽다고 생각했다.

이를 정리해보면 '친구의 SNS를 보다가 멋진 삶이 담긴 게시물을 보니 나는 도저히 저런 삶을 살 수 없겠다는 생각이 들어서 자신에게 자기혐오가 생겼다'라는 상황임을 알 수 있습니다. 꼭 모든 항목을 전부 채울 필요는 없지만 5WH1을 의식하며 쓰다 보면 자신의 감정을 쉽게 언어화할 수 있게 됩니다.

과제 2 자기혐오의 원인이 되는 '열등감'을 써보기

이어서 자기혐오의 근간에 어떤 열등감이 자리하고 있는지 들여다볼 차례입니다. 자기혐오에 빠질 때는 그만한 이유가 있을 것입니다. 그 이유에 대해 생각하다 보면 자신의 내면 밑바닥에 자리한 열등감의 정체를 알아차리게 됩니다.

앞서 살펴본 과제1의 사례를 다시 생각해봅시다. '친구의 SNS를 보다가 멋진 삶이 담긴 게시물을 보니 나는 도저히 저런 삶을 살 수 없겠다는 생각이 들어서 자신에게 자기혐오가 생겼다', 여기에 어떤 열등감이 숨어 있을까요?

예를 들어, '사회적 지위'나 '돈' 때문일지도 모릅니다. 친구가 돈이 많다거나 사회적으로 성공한 모습이 원인이라면 돈이나 사회적 지위에 대해 열등감을 갖고 있다는 말이 됩니다.

또한 '교우관계'에 열등감이 있을지도 모릅니다. 그 친구가 유명인사와 교류하고 있다거나, 여럿이 어울리는 모습이 부러웠다면 교우관계에 열등감을 갖고 있다는 말이 됩니다.

이러한 내용들을 정리해서 모든 열등감을 써내려가봅시다. 예시를 바탕으로 정리해보면 다음과 같습니다.

- 사회적 지위
- 돈
- 교우관계

과제3 열등감의 '타당성' 검증하기

자신이 느끼는 열등감을 글로 정리해보았다면 다음으로 해야 할 일은 이것들이 과연 타당한지 아닌지 따져보는 것입니다. 사실은 이 부분이 핵심입니다. 앞서 언급했듯이 열등감이란 본인 스스로가 만들어낸 믿음일 뿐 실제로는 그렇게까지 열등하지 않은 경우가 많기 때문입니다.

열등감을 해결하기 위해서는 이를 극복하는 것도 한 방법이지만 '애초에 크게 신경 쓸 필요가 없는 감정이다'라는 사실을 깨닫는 것 역시 대단히 중요합니다. 그러려면 열등감의 타당성에 대해 검증하는 과정이 필요합니다.

그러기 위해서는 다음과 같은 방법을 생각해볼 수 있습니다.

▶ 객관적인 수치나 데이터를 제시해본다

자신이 뒤떨어진다고 생각하는 부분의 구체적인 수치가 있다면 이를 제시해봅시다. 새삼 수치로 제시해보면 '생각보다 별 거 아니네'라는 생각이 들 수도 있습니다.

과제1의 사례를 예로 들자면 '나는 지역의 한 기업에 다니고 있다. 월급은 평균보다 조금 나은 편. 교우관계는 친한 친구라 부를 수 있는 사람이 두 명. 평소에 이따금 술자리를 갖거나 식사를 하는 사람은 열 명 정도 있다'라는 식으로 자신의 상황을 냉정하게 재검토할 수 있습니다.

▶ 타인에게 상담해본다

열등감에 대해 타인에게 상담해보는 것도 좋은 방법입니다. 물론 열등감은 자신의 약한 부분을 드러내야 하는 것이니 누구에게나 상담할 수 있는 건 아닙니다. '이 사람이라면 믿고 말할 수 있다'라고 생각할 만한 존재가 있다면 시도해보세요.

또한 상담을 할 때는 '사실 나에게 이런 콤플렉스가 있는데…' 하고 잡담을 나누듯이 언급해보면 시도하기 쉬울 것입니다. 상대방의 반응이나 말투를 보고 '내가 생각하는 것만큼 나쁜 게 아닐지도 몰라'라는 생각이 들었다면 열등감이 어느 정도 약해질 것입니다.

과제 4 열등감을 '목표'로 전환하기

지금까지의 과정을 거쳤음에도 여전히 열등감이 강하게 남아 있다면 열등감을 목표로 전환하는 작업을 검토해봅시다. 목표를 세우는 방식에는 다음의 두 가지 요령이 중요합니다.

- 가급적 구체적으로 세운다.
- 언제까지, 어디까지 진행할 것인지 생각한다.

왜냐하면 열등감에 자신만의 착각이 큰 요소로 작용하고 있을 경우, 구체적인 목표를 세우는 과정에서 이를 깨닫게 될 가능성이 높기 때문입니다. 가령 과제1의 사례를 예로 들자면 '교우관계에 열등감이 있었지만 냉정하게 생각해보니 친구의 숫자는 지금 정도면 충분하겠어. 그보다 많은 친구는 필요하지 않아'라고 마음을 고쳐먹을 수 있습니다.

물론 '역시나 친구가 좀 더 많았으면 좋겠어. 같이 어울려줄 친구를 내년까지 지금의 두 배로 늘리자'라고 생각하게 될지도 모릅니다. 그럴 경우에는 이를 구체적인 목표로 삼아도 괜찮습니다.

과제 5 열등감에서 자유로운 '나만의 목표' 세우기

이어서 열등감과는 무관한 '목표'에 대해서도 생각해봅시다. 기본적으로 열등감이라는 감정은 다른 무엇인가로 메울 수 없고 이는 열등감이 따르는 목표도 마찬가지입니다. 왜냐하면 결국 그 목표도 '타인축'이기 때문입니다. 그러한 목표는 타인에게 평가를 받는 데서 오는 불안감이 원동력이 됩니다.

하지만 타인을 내가 완전히 제어하기란 불가능합니다. 따라서 열등감 메우기를 인생의 모든 목표로 삼았다간 끝이 없는 무한한 경쟁에 휘말리고 맙니다. 아무리 좋은 결과가 나와도 만족할 수 없게 되는 것입니다.

그렇기 때문에 열등감과 무관한 목표도 필요합니다. 이를테면 지금 이대로도 상관없지만 좀 더 파고들어보고 싶은 일을 찾아 목표로 삼는 것입니다. 이러한 목표는 다른 누군가로부터의 평가가 아닌 내면에서 우러나오는 순수한 욕구에서 비롯된 것입니다. 이를 '라이프 워크 Life Work'라고 표현하기도 합니다.

예를 들어, 제 경우로 말하자면 '글을 써보고 싶다'라는 마음이 있겠습니다. 물론 그 글이 높은 평가를 받는다면 그보다 좋은 일은 없습니다. 하지만 설령 그렇지 않았다 하더라도 저는 계속해서 글을 쓸 것입니다. 제가 원해서 하는 일이기 때문입니다.

과제 6 과제4와 과제5를 정리해서 자신의 목표로 삼기

과제4에서 언급한 '열등감을 전환한 목표'와 과제5에서 다룬 '열등감과는 무관한 목표'가 모두 갖추어졌다면 이를 실질적인 자신의 목표로 삼아봅시다. 마찬가지로 과제1의 사례를 예로 들어 목표를 정리해보겠습니다.

- 내년에는 주임으로 승진하자. 그러지 못한다면 이직도 고려하자.
- 5년 후에는 월급을 지금의 1.5배로 높이자.
- 친구의 숫자는 지금 정도면 충분하다. 지금 함께해주는 친구를 더욱 소중히 하자.
- 언젠가 의료와 관련된 일을 해보고 싶으니 올해 안에 의료 사무 자격증을 따자.

지금까지의 과정을 통해 근거가 약하고 불필요하다는 사실을 이해하게 된 열등감은 작아졌고 열등감이 따르는 목표 역시 구체화되면서 한층 긍정적인 방향으로 바뀌었습니다. 또한 열등감과는 무관한 '자기축'의 목표를 함께 설정함에 따라 자신의 삶이 더욱 긍정적으로 바뀌고 있음을 깨닫게 됩니다. 이쯤 되면 이제 열등감의 원형은 거의 사라진 상태일 것입니다.

과제7 실행에 옮기기

여기까지 왔다면 남은 것은 실천뿐입니다. 과제6에서 정리한 목표를 바탕으로 하루하루 꾸준히 노력해봅시다.

사람은 할 일이 없으면 머릿속이 한가해지고 그 틈을 타서 온갖 잡생각이 떠오르기 마련입니다. 그런 생각 중 하나가 바로 '열등감'입니다. 하지만 우리는 이 열등감을 인생의 목표라는 형태로 재구성했습니다. 목표를 향해 나아가는 중에는 집중할 무언가가 있으므로 머릿속이 한가해질 일도 없습니다. 그러므로 마음이 편해지게 됩니다.

또한 머릿속을 '한가하게' 놔두지 않으려면 매일매일 구체적인 목표를 갖는 편이 좋습니다. 과제6에서 정리한 목표는 중장기적인 목표이므로 이를 그날그날의 과제로 반영해보면 좋습니다. 과제6의 경우를 예로 들자면 하루는 이런 목표를 갖게 될 것입니다.

- 의료 사무와 관련된 강좌 자료를 수집하자.
- 자격증을 땄다면 일하고 싶은 의료 기관의 목록을 작성하자.
- 소꿉친구인 M에게 오랜만에 만나자고 연락해보자.

과제8 정기적으로 '미래 예상도'를 작성하기

이렇게 세운 목표도 시간이 지나면 어느새 잊히면서 흐지부지되는 경우가 있습니다. 이를 막으려면 자신의 목표가 얼마나 달성되었는지 이따금 확인해보고 스스로에게 피드백을 주는 것이 좋습니다. 말하자면 자기 자신과 정기적으로 면담을 나눠보는 것입니다.

이는 실제로 제가 종종 사용하는 방법입니다. 몇 개월 후, 반년 후, 1년 후 등 언제든 상관없지만 과제6에 입각하여 자신이 어떻게 되고 싶은지를 생각해봅니다. 되도록 조목조목 적어보면 좋습니다.

그리고 시간이 지나고 몇 개월 전의 자신을 되돌아보며

목표를 얼마나 달성했는지 확인합니다. 그 후 또다시 다음의 '미래 예상도'를 작성하는 것입니다. 여기서 달성한 항목은 지워나가면 됩니다.

주기적으로 미래 예상도를 작성하면 자신이 항상 목표로 삼고 있던 것이 의식 속에 안착되어 그와 관련된 기회가 찾아왔을 때 놓치지 않고 대응할 수 있게 됩니다. 그러면 지금은 무모해 보이는 일이 몇 년 후에는 이루어져 있기도 할 것입니다. 이는 또한 '어떻게든 될 것이다'라는 자기효능감으로도 이어지게 됩니다.

제가 미래 예상도를 작성하기 시작한 때는 동료를 잃고 업무적으로도 전망이 불투명해 괴로운 시기였습니다. 그 무렵의 저는 과연 내가 어떻게든 잘 해낼 수 있을까 불안해서 견딜 수가 없었습니다.

하지만 미래 예상도를 작성하기 시작하고 10년 이상이 지난 지금, 더는 작성할 것도 없어졌습니다. 반드시 달성하고 싶었던 일들을 이미 달성해냈기 때문이죠. 덕분에 지금은 하루하루를 소중히 즐기면서 살아가고 있습니다.

Love Myself

마치며

이 책을 쓰면서 제가 가장 신경 쓴 점은 독자들이 구체적으로 실행에 옮길 수 있도록 도움을 주는 것이었습니다.

대개 자기혐오는 예상치 못한 순간에 문득 마음속에서 피어오르기 마련입니다. 그리고 그 순간, 우리는 어떻게든 그 감정을 못 본 체하고 외면하려 합니다.

하지만 그렇게 해서는 아무리 시간이 지나도 자기혐오는 결코 옅어지지 않습니다. 그러기는커녕 티끌이 쌓여가듯 마음속에 조금씩 쌓이기 시작합니다. 결과적으로 자신에 대한 확신을 전혀 갖지 못하게 되고 인생에서도 희망을 느끼지 못하게 됩니다. 이를 막기 위해 필요한 것이 바로 '이 정도라면 나도 해볼 수 있겠어'라고 삶의 문제나 고민거리를 가볍게 받아들이는 사고방식입니다.

이 책이 많은 사람에게 자기혐오를 다루기 위한 사용설명서가 된다면 더할 나위 없이 기쁘겠습니다. 처음부터 모든 내용을 전부 시도해볼 필요는 없습니다. 할 수 있을 법한 일부터 조금씩 따라 하기만 해도 확실히 자기혐오를 극복할 수 있는 방향으로 나아가게 될 것입니다. 이 책을 읽는 여러분 모두가 자기혐오를 떨쳐내고 나다운 인생을 살아가기를 진심으로 기원합니다.

2025년 3월
정신과 의사 토미

초판 1쇄 인쇄 2025년 12월 15일
초판 1쇄 발행 2025년 12월 20일

지은이 정신과 의사 토미
옮긴이 곽범신

대표 장선희 **총괄** 이영철
책임편집 오향림 **기획편집** 정시아, 안미성, 배인혜
책임 디자인 이승은 **디자인** 장혜미
마케팅 이은진, 양아람, 서세원, 박현우
경영관리 전선애

펴낸곳 서사원 **출판등록** 제2023-000199호
주소 서울시 마포구 성암로 330 DMC첨단산업센터 713호
전화 02-898-8778 **팩스** 02-6008-1673 **이메일** cr@seosawon.com

홈페이지   인스타그램

ⓒ 정신과 의사 토미, 2025

ISBN 979-11-6822-483-4 03180

• 이 책은 저작권법에 따라 보호를 받는 저작물이므로 무단 전재와 무단 복제를 금지합니다.
• 이 책 내용의 전부 또는 일부를 이용하려면 반드시 저작권자와 서사 주식회사의 서면 동의를 받아야 합니다.
• 잘못된 책은 구입하신 서점에서 바꿔 드립니다. • 책값은 뒤표지에 있습니다.

서사원은 독자 여러분의 책에 관한 아이디어와 원고 투고를 설레는 마음으로 기다리고 있습니다.
책으로 엮기를 원하는 아이디어가 있는 분은 서사원 홈페이지의 '출간 문의'로
원고와 출간 기획서를 보내주세요. 고민을 멈추고 실행해보세요. 꿈이 이루어집니다.